ELITE
DA GESTÃO

ALEXANDRE GURGEL
MAURÍLIO NUNES
RODRIGO PIMENTEL

ELITE
DA GESTÃO

TODO EXECUTIVO LIDERA
OPERAÇÕES ESPECIAIS

PUBLISHER Henrique José Branco Brazão Farinha	Copyright © 2018 by Alexandre Gurgel, Maurílio Nunes e Rodrigo Pimentel.
PROJETO GRÁFICO DE MIOLO E EDITORAÇÃO Diagramando Serviços Editoriais	Todos os direitos reservados à **EDITORA ÉVORA** Rua Sergipe, 401 – Cj. 1.310 Consolação – São Paulo – SP Cep 01243-906
CAPA Bruno Ortega	Tel: (11) 3562-7814/ 3562-7815 Site: www.evora.com.br E-mail:
IMPRESSÃO BMF	contato@editoraevora.com.br

G987E

GURGEL, ALEXANDRE
- Elite de gestão : todo executivo lidera operações especiais / Alexandre Gurgel, Maurílio Nunes, Rodrigo Pimentel. – São Paulo : Évora, 2018. 128p. ; 16x23cm.

ISBN 978-85-8461-157-7

- Capacidade executiva. 2. Administração. I. Nunes, Maurílio. II.Pimentel, Rodrigo. III. Título.

JOSÉ CARLOS DOS SANTOS MACEDO – BIBLIOTECÁRIO – CRB7 N. 3575

CDD- 658

AGRADECIMENTOS

Compartilhando momentos de muito trabalho, superação e conquistas, assim nossos familiares e amigos ajudaram no projeto de *Elite da gestão*. Nosso obrigado a cada um de vocês!
Os autores.

AGRADECIMENTO ESPECIAL

Ao jornalista Gustavo de Almeida* pelo aconselhamento permanente aos autores.

*Gustavo de Almeida é jornalista desde 1993, com atuação nas áreas de Política, Cidades, Segurança Pública e Esportes. Foi editor de Cidade do *Jornal do Brasil*, onde ganhou os prêmios Ibero-Americano de Imprensa Unicef/Agência EFE (2005) e Prêmio IGE da Fundação Lehmann (2006). Passou pela revista *ISTOÉ*, pelo jornal esportivo *LANCE!*, e também pelos diários populares *O DIA*, *A Notícia* e *EXTRA*.

PREFÁCIO

Um dos maiores desafios para o exercício da liderança, na área pública ou privada, é gerenciar os ativos intangíveis da organização, somando a motivação e a inteligência de cada indivíduo para a produção de valor. No mundo empresarial, as decisões da liderança podem ter impacto significativo na qualidade de vida de muitas pessoas, promovendo ganhos coletivos e prosperidade, ou destruindo as precondições para a sua existência. No universo das operações policiais especiais que operam em contextos extremos, esse desafio é ainda mais crítico pelos altos riscos associados, pois erros e acertos consequentes de uma decisão têm a capacidade de afetar seriamente a vida de muitas pessoas. Quando nos dedicamos a compreender melhor a ação coletiva em contextos de alto risco e incerteza, essas duas realidades que parecem tão distantes começam a se aproximar.

Este livro tem a ousadia e o mérito de avançar na reflexão sobre a aplicação de alguns princípios da gestão de equipes de operações especiais no contexto empresarial, traçando um paralelo entre a gestão de empresas e a dinâmica das operações especiais. Em minha experiência, nos anos dedicados a investigar e a melhor compreender o universo das equipes de operações especiais, pude observar o quanto pesam a liderança e as relações de confiança, e, sobretudo, a missão compartilhada para o desempenho dessas unidades. Esses ativos intangíveis também vêm assumindo uma importância crescente na análise da eficiência e excelência operacional em algumas empresas. Nas equipes de operações especiais, esses elementos representam o núcleo da coordenação das equipes, que operam em contextos de alta complexidade e extremo risco. A qualidade do vínculo que une as pessoas é fundamental para a construção de sua competência organizacional distinta. No mundo empresarial, quando nos dedicamos a compreender os elementos que compõem o contexto para a inovação, qualidade e excelência operacional, o desafio da construção e manutenção dos vínculos entre os indivíduos torna-se igualmente o fator que diferencia e define as organizações bem-sucedidas.

Atualmente, em todo o mundo, as equipes de operações especiais vêm assumindo uma importância crescente frente à mudança do perfil da violência. A redução das guerras interestatais e o aumento crescente do terrorismo e das guerrilhas urbanas promoveram um aumento desproporcional da incerteza da volatilidade e da ambiguidade no ambiente das operações e, consequentemente, surgiram demandas por forças policiais mais bem treinadas e equipadas para atuarem em contextos mais complexos e imprevisíveis. Especialmente na cidade do Rio de Janeiro, equipes policiais de operações especiais, como o Bope, passaram a ocupar um papel fundamental ante a crescente atividade da guerra urbana. Tanto aos olhos da opinião pública quanto na realidade concreta do ambiente da tarefa, seu papel no combate ao crime organizado tornou-se fundamental para garantir níveis mínimos de controle da violência urbana. No exaustivo cotidiano das expectativas da guerra urbana sem aparente solução, uma aura mitológica foi alimentada nos últimos anos por filmes de ficção, livros e reportagens da imprensa. Não foi à toa que essas equipes ficaram famosas. No caso do Bope, por trás de toda a fama midiática, houve um trabalho consistente ao longo de anos que culminou em seu reconhecimento internacional. Nossos estudos nesta unidade, entre 2009 e 2016, revelaram uma forte disciplina operacional ao longo de anos de atuação, no cenário mutante de violência urbana do estado do Rio de Janeiro.

A disciplina organizacional e pessoal são as premissas básicas daqueles que são convocados em momentos críticos de incerteza. Olhando para tais premissas, os autores deste livro tiveram a ideia de identificar elementos da gestão do Bope e oferecer pistas e lições que podem contribuir para os modelos de gestão no mundo empresarial. Certamente não foi uma tarefa fácil. Foi necessária uma compreensão teórica e prática do papel da missão comum e da liderança, dos vínculos de lealdade e confiança, e do espírito corporativo, atributos intangíveis que norteiam e dirigem o funcionamento desses times de ponta, que por natureza e risco do ofício são talhados ao limite para o cumprimento de sua missão. O resultado desse esforço é exatamente este livro, voltado para gestores empresariais.

Conheci os autores quando fui coordenador e professor do mestrado executivo em gestão empresarial da Escola Brasileira de Administração Pública e de Empresas da Fundação Getulio Vargas entre os anos de 2010 e 2014. Tive a felicidade de me encontrar com Alexandre Gurgel e Maurílio Nunes nos debates e nas discussões em sala de aula. A ousadia e coragem em empreender foram marcas comuns de suas trajetórias acadêmica e profissional. Ambos conquistaram por mérito várias honrarias em suas carreiras profissionais e, no mesmo ano, o título de Mestre em Administração. Mas saíram dessa experiência acadêmica com muito mais. Estou certo de que este livro é fruto desse feliz encontro somado ao esforço de cada um em talhar e dar forma a sua experiência de vida pessoal e profissional. Revela o fruto da cooperação que uniu os esforços de um executivo bem-sucedido do mercado empresarial e dois militares de elite do Bope. Juntos, eles trazem para a obra o peso e a qualidade de quem buscou unir o rigor científico a uma longa experiência prática nas organizações. Rodrigo Pimentel, atualmente uma das principais referências no Brasil em segurança pública, soma a esta obra o brilhantismo de suas contribuições, na perspectiva da experiência de quem ocupou diferentes posições, como militar do Bope, nas várias situações críticas de enfrentamentos contra criminosos, como estudioso e especialista em segurança pública.

A união desses três autores confere ao livro um toque de originalidade e ousadia ao estabelecer pontos de contato entre o mundo das empresas e o universo das operações policiais especiais.

Marco Tulio Zanini
Agosto de 2017

SUMÁRIO

INTRODUÇÃO   13

PRIMEIRA PARTE:
PREPARANDO A MISSÃO   17

Um – Estratégia: a guerra que se vence de véspera   19
Dois – Finanças: quanto a sua empresa vale?   33
Três – Pessoas: gente é para brilhar, sim   43
Quatro – Liderança: nada será como antes   57
Cinco – Marketing: a caixa da caixa de Pandora   67

SEGUNDA PARTE:
EXECUTANDO A MISSÃO   77

Seis – Estruturas, processos organizacionais e certificações: a genética das empresas   79
Sete – Produção e operações: quando menos é muito mais   91
Oito – Projeto: unir, comunicar, fazer   99
Nove – Tecnologia e inovação: a saúde da sua empresa é agora   107
Dez – Ética, sustentabilidade e responsabilidade social: o estado da arte empresarial   115
Considerações finais   123

INTRODUÇÃO
DEFININDO NOSSA MISSÃO

Frases motivacionais que tenham um tom desafiador e que induzam o interlocutor a se sentir em uma guerra se tornaram muito frequentes, principalmente depois que o filme *Tropa de elite* (2007), de José Padilha, popularizou o controverso capitão Nascimento e seus bordões "Pede pra sair!" e "Nunca serão!". Alguns livros, como *Não há dia fácil*, de Mark Owen, e *Todo dia é segunda-feira*, do ex-secretário de segurança do Rio de Janeiro José Mariano Beltrame, refletem em seus títulos um pouco daquilo que os leitores querem saber: como perseverar, seja qual for o ambiente. Faltava, porém, um modelo de sobrevivência que dialogasse com gestores e que abordasse com objetividade o cotidiano tanto das empresas privadas quanto das instituições do setor público.

Por isso, o encontro entre o consultor empresarial Alexandre Gurgel, o tenente-coronel Maurílio Nunes, da Polícia Militar do Rio de Janeiro, e o roteirista Rodrigo Pimentel (ex-policial e alter ego do supracitado capitão Nascimento) é tão importante. Pimentel não estava presente, porém, quando este livro começou a ser concebido em 2013, Gurgel e Nunes viviam momentos diferentes – *ma non troppo*. Na época, o consultor ocupava um cargo executivo na Federação das Indústrias do estado do Rio de Janeiro (Firjan), e o oficial era subcomandante do Batalhão de Operações Policiais Especiais (Bope), ambas posições estratégicas em seus respectivos setores. Em uma tarde normal de trabalho para Gurgel, o telefone do seu gabinete tocou e, do outro lado, havia uma voz conhecida: um amigo, diretor de um importante estaleiro nacional, convocava-o para fazer um mestrado em gestão.

Naquela época, o Brasil vivia sua "primavera", com milhões de cidadãos indo às ruas para reivindicar seus direitos, e os sinais da recessão que chegaria com força dois anos depois desse telefonema já podiam ser percebidos. Com esse cenário, o amigo de Gurgel acreditava que o ideal fosse adquirir uma forte base acadêmica. No QG da PM, a poucos metros dali (o escritório de Gurgel ficava no Edifício Santos Dumont, na Rua Calógeras), no centenário prédio da Rua Evaristo da Veiga, o então major Nunes conversava com o coronel PM Alberto Pinheiro Neto, seu antigo comandante no Bope. Pinheiro tinha um mestrado pela Fundação Getulio Vargas (FGV) – Nunes havia feito um MBA pela instituição – e resolveu dar ao fiel escudeiro um bom conselho: fazer um mestrado. "É preciso pensar no futuro da corporação. Adquirir olhar crítico. Não dá para ficar apenas como soldado pronto para a guerra", dizia Pinheiro, em sua sala no segundo andar do QG, onde exercia o cargo de chefe de estado-maior operacional da corporação. Nunes ouvia em silêncio, concordando. Os caveiras adoram um desafio, e fazer um mestrado acumulando a função de subcomandante do Bope seria certamente mais um deles. Assim, decidiu fazer a prova.

Gurgel e Nunes foram aprovados com notas suficientes para ganhar uma bolsa de estudos pela FGV. E ali começaria não só uma amizade, mas uma afinidade profissional, uma convergência de ideias que levaria ao projeto de um livro. Uma obra que servisse de farol para os navegantes nos mares sempre revoltos da gestão.

A empatia entre os dois começou no primeiro dia, quando perceberam serem os únicos militares da turma do mestrado – Gurgel foi oficial da Marinha Mercante e pertence ao quadro da reserva da Marinha de Guerra. Na aula inaugural, proferida pelo coronel Pinheiro Neto, este destacou, para surpresa de todos os presentes, que havia um brilhante oficial da PM entre eles. E determinou que o mais "moderno" (no jargão militar, o colega de farda que é de turma mais recente) se "enquadrasse" (fizesse a posição de sentido e prestasse continência). A visão do então major Nunes nas últimas cadeiras (na mesma fileira de Gurgel) com a postura militar deixou os alunos desconcertados. Gurgel, todavia, sentiu-se solidário. E os dois começaram ali uma parceria para os trabalhos do mestrado e de integração com o restante da turma. Nunes muitas vezes saía de operações importantes do Bope para implantar as Unidades de Polícia Pacificadora (UPPs) e ia direto para a sala de aula – como ele mesmo costuma dizer, "virando a chave", saindo de um ambiente hostil em que comanda soldados superpreparados e entrando numa sala de aula com ar-condicionado e executivos. Gurgel, então, percebeu a habilidade do colega em prever cenários, ainda que o consultor sempre faça questão de ressaltar que não há cenário bom para o gestor, que precisa sempre estar atento ao competidor que inova e atinge o coração do público, bem como ficar de olho em crises. "Gestor que diz estar navegando em mar de almirante pode se arrepender", diz o marinheiro Gurgel. "A zona de conforto mata. A mim, numa operação, literalmente. E pode matar o seu negócio.", acrescenta o caveira Nunes.

Depois de concluírem o mestrado, a dupla virou trio: Pimentel se juntou aos dois, e o projeto nasceu com ideias, reflexões e muitos "casos da caveira".

O termo "caveira" designa aqueles policiais que conseguem ser aprovados no duríssimo Curso de Operações Especiais (Coesp), requisito para integrar o Bope, e passou a ser sinônimo de resiliência, perseverança, resistência às intempéries, ameaças e fraquezas. São qualidades que uniram e unem Nunes e Gurgel, que decidiram deixar uma contribuição sobre gestão, uma boa referência prática. Ao longo destas páginas, o objetivo dos autores é abordar conceitos da gestão de negócios como um todo, considerando estratégia, finanças, pessoas, mercado, estrutura e processos organizacionais; colaborar na assessoria, consultoria, orientação e operação de organizações, sejam elas públicas, privadas, de economia mista ou terceiro setor. E oferecer modelos e ferramentas para auxiliar o gestor na construção e na análise do painel de controle, além de indicadores do negócio nos níveis de decisão, gerenciamento e execução. Essas reflexões são baseadas em casos reais e hipotéticos que foram vivenciados ou elaborados por Nunes e Gurgel para exemplificar algum momento específico, com o intuito de identificar alternativas criativas e inovadoras para que o leitor possa alcançar melhores resultados neste ambiente extremamente desafiador e em constante mudança que é o mundo dos negócios.

Este livro foi feito com o objetivo de levar ao leitor o melhor entendimento sobre estratégia, sua aderência ao negócio, a gestão de recursos cada vez mais escassos no mundo moderno, o reposicionamento de mercado considerando o alto nível que os competidores implementam, adequando-se às estruturas e seus processos organizacionais. O leitor vai se deparar com histórias de boas e más condutas na gestão. Vai conhecer o ponto de vista de um consultor e professor (Gurgel) com mais de trinta anos de experiência em gestão pública e empresarial. Entrará em contato com a vivência de um oficial do Bope (Nunes), que mostrará como a vida na caserna é parecida com a de um escritório comum, em que os gestores se defrontam com difíceis decisões a serem tomadas. E, finalmente, dialogará com as ideias de Rodrigo Pimentel, policial reformado que aplica na iniciativa privada todos os ensinamentos obtidos no Bope. Hoje, o Bope é o batalhão da Polícia Militar mais famoso do Brasil por causa de sua excelência, de sua obstinação em formar as melhores pessoas. É uma unidade utilizada em operações de grande risco, com cerca de 500 homens cuidadosamente selecionados, um batalhão de sucesso incontestável, que, sem sombra de dúvida, foi elevado à condição de celebridade mundial após os filmes *Tropa de elite* 1 e 2.

Ainda assim, o subcomandante do Bope é um oficial questionador dos processos organizacionais da Polícia Militar e pensa em deixar um legado para a Segurança Pública, elaborando um conteúdo que ajude policiais de todo o Brasil e, claro, gestores de todas as dimensões. Os autores, portanto, têm como traços de personalidade a recusa à zona de conforto e o constante questionamento para melhorar a gestão. Entendem que em muitos casos há uma ruptura indesejável entre o trabalho do gestor e a busca por resultados, e resultados justificam toda e qualquer gestão.

O livro tem como proposta provocar uma reflexão sobre questões teóricas e práticas, considerando a estrutura clássica da administração – planejamento/comunicação/direção/monitoramento, integrando estratégia/finanças/pessoas/mercado/estrutura e processos organizacionais. Esse é o desafio a ser superado ao longo das páginas deste livro, com "causos" e causas para ajudar os gestores a encontrar soluções e atingir bons resultados. Porque todo executivo comanda Operações Especiais.

Primeira parte

PREPARANDO A MISSÃO

Um

ESTRATÉGIA: A GUERRA QUE SE VENCE DE VÉSPERA

*Os vitoriosos superam seus inimigos antes de ir
para o campo de batalha.*
Sun Tzu, 544 a.C. - 496 a.C.

Não há estratégia sem conhecimento, e isso pode soar aos nossos leitores como algo redundante. Insistimos, porém, que o óbvio tem de ser dito. Antes de fazermos breves estudos de caso sobre estratégia, é importante deixarmos claro que não temos qualquer pretensão de escrever uma definição do termo. Há autores que já o fizeram, como Michael Eugene Porter, David Kaplan e Robert Norton, todos citados nas listas de livros mais relevantes sobre o assunto.

Para nós, mais importante do que definir estratégia é listar o que deve ser feito para que os resultados sejam garantidos. Assim, a estratégia deve ser definida de acordo com a necessidade de cada um.

O conhecimento sobre o negócio é tão importante que preferimos mencioná-lo antes de tudo. Precisamos lembrar de Kaplan e Norton quando, em 1992, lançaram o Balanced Scorecard (BSC), a metodologia de medição e desempenho que eles desenvolveram na Harvard Business School. A ideia-chave dessa metodologia é a de que não se gere aquilo que não se mede (guarde bem essa frase, pois veremos um problema do Bope bem típico dos nossos tempos, comum também no ambiente empresarial). Mais à frente, quando se fala em modelagem do BSC e começamos a pensar nos indicadores, reparamos que não se mede o que não se consegue descrever.

Nós, autores, também acreditamos que não se descreve o que não se conhece. O executivo/gestor responsável pela estratégia precisa realmente conhecer o seu negócio.

Conta um amigo nosso que, ao andar pelas ruas do centro do Rio de Janeiro, percebia bancas de jornal de diversos tamanhos. Na maioria delas, o cliente entrava e via produtos de todos os tipos, além de verificar uma grande profusão de ofertas do lado de fora. Mas era possível fazer distinções entre aqueles jornaleiros que efetivamente conheciam o seu negócio e elaboravam uma estratégia, ainda que intuitivamente, e os que simplesmente tentavam oferecer de tudo e assim obter lucratividade e vendas. O preço dessa última estratégia, claro, é a questão do estoque, da depreciação, da mercadoria sujeita às intempéries, e o trabalho que jornaleiros e auxiliares têm todos os dias para montar e desmontar tudo o que está pendurado do lado de fora. O gasto com tempo e pessoas era compensado? Dificilmente eles mediam isso para saber.

Porém existe outro tipo de banca de jornal: vá até a Rua Senador Dantas, também no centro, onde há dezenas de restaurantes próximos. Há pouca oferta, é verdade, de produtos segmentados – dificilmente você encontrará grandes coleções de filósofos, o Kama Sutra ou edições estrangeiras de Seleções do Reader's Digest. No entanto, como bancas localizadas próximo de restaurantes, do que elas dispõem? De cigarros, café expresso, chicletes, doces diversos, escovas e pastas de dente e, claro, revistas nacionais e importadas, jornais e CDs de coleções. O cliente vê isso como um benefício extra – e vai em busca do que deseja após sua refeição. O tempo e as pessoas empregadas na operação, portanto, são compensadores, as vendas são altas e o investimento menor, embora essas bancas pareçam ofertar menos. Para essa segunda estratégia, foi importante o conhecimento do negócio, adquirido por meio da experiência de campo.

No modelo formal, seguimos sempre a definição clássica (visão, missão, valores, objetivos e metas), depois fazemos as análises de ambiente externo e interno (Cinco Forças de Michael Porter, análise Swot, Vrio, dentre outras), em seguida, o plano estratégico e, finalmente, o monitoramento. Mas o que percebemos muitas vezes no mundo real é que empresários e executivos param na primeira etapa e penduram o resultado na parede como um quadro – ou pior, colocam numa gaveta, sem grandes compromissos com sua real aplicação.

Uma segunda reflexão que propomos é dar a maior atenção possível à aderência da estratégia, na qual é fundamental trazer o time de gestores, as equipes, e provocar o comprometimento dos profissionais. No Bope, por exemplo, é constante entre os profissionais de ponta a sensação de que eles vão desenvolver uma nova estratégia quando estão planejando uma nova missão. Não vão. Eles aplicarão suas decisões em nível tático e operacional de modo que o objetivo a ser alcançado durante a ação preserve a estratégia, que é, por exemplo, proteger a vida humana e a sociedade. O Bope, antes de tomar uma comunidade sob domínio do tráfico de drogas, realiza operações de inteligência e mapeamento por um bom tempo. Dessa forma ele preserva a estratégia e demonstra extrema aderência a ela.

A terceira grande reflexão que propomos é: qual o tamanho desse planejamento estratégico? Não se esqueça de que o caminho do meio é o caminho do ouro. Muitas vezes se faz um processo tão burocrático, tão gigante para definir a estratégia que, ao terminá-la, já há outro cenário, outra necessidade de analisar o ambiente externo – e aqui existe uma história que o Bope e a PM podem contar. Se houver estratégia demais, ela se torna pró-forma e não na prática. Não tem aderência. Claro que estratégia "de menos" também é muito ruim – o gestor deixa de cumprir etapas e faz algo para escrever no folder da empresa, e o que acaba lá é apenas missão, visão e valores. "Só isso já está bom", dizem, contrariando o bom senso. O executivo-empresário tem de dimensionar sem perder a mão, o que não é fácil. Estratégia em excesso é tão danoso quanto nenhuma estratégia.

O quarto ponto a que queremos aludir é a implementação e o monitoramento. Eles são parte da governança e não são atribuições de um único indivíduo. Como parte da governança, cabem a seus principais executivos. Se estes não estiverem profundamente comprometidos, não farão a conexão decorrente da quinta reflexão: saber a hora de mexer na estratégia, algo tão fundamental quanto ter uma.

Antes de entrar em nosso primeiro caso real, queremos lembrar de Bob Fifer, que analisou mais de cem das quinhentas maiores empresas americanas costumeiramente listadas na revista *Fortune*. Ele é economista de Harvard, com mestrado em administração pela Harvard Business School. Com a mensagem de marketing direta "Dobre seus lucros em seis meses", ele garante cumprir a missão no prazo especificado, passando por todos os problemas crônicos de pequenas, médias e grandes empresas. Por que o exemplo dele é importante? Para termos clareza de que o alvo principal da estratégia é a geração de riquezas, seja a monetizada de qualquer instituição privada, seja a de um valor agregado, como um ganho em reputação numa instituição social, por exemplo. Os lucros sempre podem e devem ser melhorados.

Na prática, há executivos que, mesmo entendendo a importância da estratégia, mesmo conhecendo o próprio negócio, encontram dificuldades para dimensionar o volume de horas para traçar a estratégia, para lhe dar aderência, para acompanhar o planejamento. A contratação de consultores especializados para ajudá-los pode trazer resultados proveitosos, como no caso da empresa de óleo e gás de que falaremos agora.

Há alguns anos, Gurgel foi convidado para dar consultoria a uma empresa de médio porte com faturamento anual de algumas dezenas de milhões de reais. O problema: a empresa enfrentava uma séria restrição de fluxo de caixa, que prejudicava principalmente as operações. O objetivo inicial do cliente era que ele ajudasse a captar recursos financeiros, ou seja, empréstimos.

Logo na primeira reunião, Gurgel estabeleceu como condição essencial que pudesse passar uma semana inteira dentro da empresa, convivendo com as mais diversas áreas, antes de começar a elaborar as propostas que sustentariam uma possível estratégia de captar empréstimos. A receptividade foi excelente, o principal executivo da companhia de imediato montou uma reunião com todos os gerentes. No dia seguinte, foi pessoalmente com o consultor visitar cada setor e se apresentar ao gestor responsável. A partir daí, começava a jornada pelo organismo da empresa, pela qual Gurgel tomava contato com o conhecimento do negócio. Não havia fórmulas prontas. Era fundamental entender primeiro as necessidades e de que maneiras os setores se comunicavam, qual era sua capilaridade. Conversando com cada um dos gestores, Gurgel começou a traçar seu diagnóstico.

Era interessante observar que eles se orgulhavam das certificações da empresa. Todos tinham uma concepção estratégia do negócio muito consolidada, a visão, a missão e os valores estavam bem entendidos por toda a empresa. E, ao longo da semana, sentindo-se à vontade enquanto conhecia os setores, Gurgel começou a perguntar:

– Para quais objetivos estratégicos da empresa o seu setor contribui?

O gestor hesitava um pouco, coçava a cabeça, e respondia, a princípio convicto:

– O senhor não me perguntou qual a visão e a missão, né?

– Não, perguntei sobre a contribuição para os objetivos estratégicos.

Um gestor ainda exibiu o crachá para mostrar que estavam escritos nele a visão e a missão, e então Gurgel perguntou:

– Por que você está tão preocupado em mostrar que a missão está no crachá?

– Porque, quando temos a auditoria dos ISO, nem preciso decorar, basta consultar.

Depois desse diálogo, reiterou-se a pergunta sobre os objetivos estratégicos, abrangendo gestores e funcionários da ponta da linha. Mais de duzentas pessoas foram questionadas e nenhuma deu uma resposta satisfatória. A conclusão: não havia aderência a nenhum plano estratégico implantado. Os gestores ensaiavam respostas, mas não tinham claros os objetivos. Estava definido o início do desafio. Essa total falta de aderência e engajamento levou às seguintes situações:

• O pessoal da tesouraria não conversava com o comercial;
• O pessoal do comercial não se sentia responsável por operações;
• O pessoal de operações reclamava que a diretoria financeira não fazia os investimentos necessários;
• O financeiro reclamava que o comercial e operações não geravam receita suficiente;
• E, por sua vez, o comercial acusava operações de não entregar os serviços com qualidade e nos prazos esperados.

O ponto em comum entre os gestores? Gostavam de dizer que as botas de segurança deles estavam sempre sujas de barro. Na verdade, o principal executivo também gostava dessa frase. Era o maior orgulho deles: "Estou trabalhando pra caramba, estou o tempo todo lá". As botas sujas eram o troféu daquele time, a medalha.

Mas a sensação era de que havia diversas empresas "eficientes" dentro de uma só empresa, no entanto sem comunicação entre elas. Ao fim do período de conhecimento do local, numa reunião que durou alguns minutos, ficou claro o diagnóstico. Antes de elaborar a proposta técnica-comercial da consultoria, Gurgel informou os tópicos fundamentais:

• As equipes responsáveis pela receita estavam gerando resultados maiores do que os do ano anterior;
• A produtividade, contudo, estava pior do que a do ano anterior;
• O ciclo de recebimento das vendas dobrou em relação ao ano anterior, por causa de questões contratuais (ambiente externo) do próprio setor de serviços de óleo e gás;
• Os fornecedores, todavia, continuavam faturando em trinta dias, causando um buraco no fluxo de caixa, pois o recebimento era invariavelmente em prazo mais longo.

Em seguida, foi apresentada uma proposta de trabalho baseada em estruturas e processos organizacionais, como mencionado na introdução do livro:

• Verificar a aderência da atuação à estratégia da empresa;
• Revisar estruturas e processos;
• Elaborar um plano de negócios com o comprometimento de todas as áreas da empresa;
• Fornecedores foram convidados a dilatar prazos. Estes, que faturavam a trinta dias, passaram a faturar com sessenta, noventa, 120 dias. Uma carência de sessenta dias iniciais deu a folga necessária para a tesouraria – pesou ali o planejamento orçamentário;
• O gestor principal da empresa entrou em campo para negociar com firmeza, inclusive propondo a troca de fornecedores que não queriam acompanhar a nova realidade;
• O comercial passou a ser pressionado a aumentar a carteira de clientes e reter os que já possuíam. Faziam o ciclo defendido por Kaplan e Norton – escolher um cliente-alvo – captar um cliente-alvo – reter um cliente-alvo – vender mais para o mesmo cliente-alvo;
• Houve mudança no processo de fiscalização da entrega dos serviços. Equipes profissionais foram colocadas de prontidão, e isso acelerou o recebimento de noventa para 75 dias – antes, quinze dias eram perdidos na fiscalização e aferição da entrega por falta de planejamento das equipes responsáveis.

E, ao fim de seis meses, com tais ajustes, uma surpresa: não foi necessário captar nenhum recurso. E para a empresa esse foi o melhor cenário, pois os impactos de uma série de empréstimos seriam desastrosos, já que dinheiro no Brasil custa caro. O que Gurgel fez foi ajudar o cliente a entender melhor o seu negócio. Parece fácil...

Os pequenos ajustes realizados estavam longe do que o cliente inicialmente queria, mas acabaram indo muito além do que ele esperava. Em vez de combater a dor, foram combatidas as causas da dor. Em vez de dar um analgésico, foi feita uma "reeducação postural global". É possível elencar todos os conceitos de que falamos: conhecimento do negócio nas duas semanas que Gurgel passou dentro da empresa; importância da aderência, quando foi criada uma estratégia para engajar todas as equipes; implantação e monitoramento, principalmente quando se percebe que a fiscalização mais próxima da produção melhoraria os números; e o tamanho da estratégia, simples, ágil, para que se pudesse fazer a mudança fundamental: não captar mais recursos por meio de empréstimos bancários.

Quando deslocamos nosso olhar para a gestão pública, conseguimos aplicar todas essas questões discutidas, a começar pela aderência, que pode definir o sucesso ou fracasso de estratégias e políticas públicas. Rodrigo Pimentel acompanhou em dois momentos, em posições diferentes, tentativas de dar segurança a comunidades carentes do Rio de Janeiro e, indiretamente, tirar o poder dos traficantes de drogas. Como oficial reformado da Polícia Militar, viu de perto a implantação de um projeto. Anos mais tarde, como comentarista de segurança pública do telejornal regional RJTV, da Rede Globo, presenciou um outro projeto, já de outro governante, sendo possível comparar o primeiro, do ano 2000, e o segundo, lançado em 2008.

No primeiro – chamaremos de Projeto A –, os policiais colaboradores eram oriundos de unidades já existentes. Desse modo, eles eram selecionados entre aqueles sem função específica, sem interesse em permanecer no batalhão, ou mesmo entre aqueles cujos comandantes desejavam sua transferência. Por quê? Ora, como gestores, os comandantes evitavam transferir para o projeto os seus policiais de maior aderência à estratégia do batalhão, aqueles de maior confiança e melhor desempenho. Cada comandante era obrigado a ceder certa quantidade de policiais e, por um movimento instintivo, os melhores nunca eram indicados.

Já no segundo – chamaremos de Projeto B –, os colaboradores eram selecionados entre policiais que tinham acabado de concluir seus cursos de formação, aprovados recentemente no concurso público e cientes de sua destinação, ou seja, a maioria sabia que faria parte de um programa com foco específico e com grande valor para a sociedade. Havia um natural engajamento e, com ele, uma consequente aderência à estratégia. Os profissionais de relações públicas do governo ainda elevavam o atributo "recém-formados", trazendo um valor a mais: não tinham "preconceito" contra as comunidades na mesma (suposta) medida dos policiais antigos e que já haviam sofrido em operações naqueles locais.

É nítido que o Projeto B emprega, de início, colaboradores com muito mais aderência à estratégia do que o Projeto A. Na visão de Pimentel, o Projeto B abrangia:

- Conhecimento de sua íntegra e de seus objetivos por parte dos colaboradores;
- Reconhecimento por parte de comandantes;
- Reconhecimento por parte da sociedade;

• Policiais em início de ciclo, recém-recrutados para a "empresa".

Dessa forma, enquanto o Projeto A se manteve por alguns anos, mas em poucas comunidades, o B cresceu rapidamente e se espalhou por mais de quarenta locais.

Infelizmente, por vias diferentes, o Projeto B atingiu posteriormente o mesmo "iceberg" no qual o Projeto A bateu logo de início: a falta de aderência. Pimentel lembra que, na posição de comentarista de segurança pública, visitou várias unidades do projeto quando o governo do estado do Rio de Janeiro enfrentava uma grave crise econômica. E viu os policiais que antes estavam totalmente engajados terem dúvidas, naquele momento, sobre sua posição por causa de alguns fatores:

• Desgaste natural relacionado ao ciclo de vida do empregado, que trabalhava por anos no mesmo local e na mesma função;
• Problemas de estrutura, pagamentos e condições de trabalho devido à crise financeira do estado do Rio de Janeiro;
• Desconfiança da comunidade em relação ao projeto devido a casos de repercussão negativa em outras localidades, que desmotivavam o trabalho dos policiais;
• Diminuição do efetivo empregado, aumentando o trabalho dos que permaneceram;
• Aumento do risco de vida, com o recrudescimento da violência em comunidades que anteriormente haviam sido pacificadas.

Com isso, a aderência quase desapareceu. Seria necessário rever, corrigir a estratégia (e os gestores provavelmente estavam cientes dessa necessidade), porém a crise financeira engessara os orçamentos e contingenciara todas as verbas, tornando a guinada difícil. Em 2017, todas as unidades abertas ainda funcionavam, no entanto não a pleno vapor. O destino de todas elas permanece uma incógnita. A reavaliação necessária da estratégia é adiada praticamente todos os dias.

No Bope, a capacidade de reavaliar a estratégia, mudá-la e empregar outras diferentes está no DNA dos caveiras. A Polícia Militar do Estado do Rio de Janeiro (PMERJ), à qual o Bope pertence, é do governo estadual e, como tal, é impactada pelas mais diversas mudanças de cenário e políticas.

Em 2013, a PM lançou o Plano de Redirecionamento Estratégico 2013--2018, que definia metas e ações. O então major Maurílio Nunes foi um dos primeiros a aderir ao plano – já estava, então, cursando o MBA da FGV e tinha plena noção da importância da nova estratégia. Quatro anos se passaram, e o hoje tenente-coronel Nunes se pergunta e reflete: quantas mudanças políticas e organizacionais ocorreram nesse período? Manifestações de rua, mudança de governo do estado, mudança de comandante-geral da PM (nada menos do que quatro comandantes), mudança do secretário estadual de segurança, Operação Lava Jato, prisões, exonerações, impeachment da presidente Dilma Rousseff, Jogos Olímpicos, crise econômica profunda no Rio, tanto no estado quanto na cidade, e no Brasil.

E o redirecionamento estratégico? Como saber se aquelas são apenas belas palavras? Como saber se a PM sabe de seu plano? O ambiente operacional da PM é realmente volátil. É uma instituição que faz planejamentos para médio e longo prazo – e qualquer ocorrência imediata pode desmontar tudo. Como define Nunes, não é uma roda-viva, é um quadrado-vivo: o lado que assume esmaga o que estava no comando anterior.

Em 2017, portanto, o que aconteceu foi uma grande dificuldade de rever a estratégia. Não porque ela fosse mal-elaborada, mas em consequência de os cenários se modificaram tão depressa e, em alguns campos, de forma tão radical. Vamos voltar a 1974 para entender como o Bope surgiu e qual o seu escopo, sua missão e sua estratégia. Uma rebelião de presos no Instituto Penal Evaristo de Moraes, naquele mesmo ano, terminou de forma trágica com a morte do diretor daquela unidade, o major PM Darcy Bittencourt. A intervenção de uma força policial não treinada para uma situação com reféns – o diretor era um deles – levou a uma tragédia, surgindo assim a necessidade da criação de um batalhão especial. Quase quatro anos depois, em 19 de janeiro de 1978, o então capitão PM Paulo César Amêndola (em 2017, coronel reformado e secretário municipal de Ordem Pública do Rio), conseguiu publicar no Boletim da PM a criação de um projeto seu: o Núcleo de Operações Especiais, especializado em resgate de reféns. Era uma unidade formada por policiais voluntários, cuidadosamente selecionados, que fizeram cursos de especialização nas Forças Armadas brasileiras, como Operações Especiais, Guerra na Selva (ambos do Exército) e Comandos Anfíbios.

Se você assistiu ao filme *Cidade de Deus*, de Fernando Meirelles, deve se lembrar das passagens dos anos 1980: crescimento do tráfico, chegada da cocaína, aumento da renda em torno da atividade ilegal, maior capacidade de transporte e vendas, disputas mais intensas e a chegada do fuzil. Ao longo dos anos 1980 e 1990, o Rio de Janeiro foi se tornando uma cidade sitiada por traficantes de drogas. O Bope, antes tropa aquartelada à espera de uma ocorrência específica, passou a ser tropa aquartelada que a todo momento atendia a uma emergência:

reféns, guerra em favelas, tiroteios, "bondes" (carros de traficantes em fila) pela cidade. O cenário externo então se modificou radicalmente. Como se viu no filme *Tropa de elite 2*, o efetivo cresceu, foi criado o Curso de Operações Policiais (Coesp), e se atingiu a incrível marca de 500 homens no batalhão. E, desde 2008, o Bope ganhou uma nova função: pacificar as favelas para posteriormente implantar as famosas Unidades de Polícia Pacificadora (UPPs).

Todas essas mudanças e novas funções tornam a estratégia uma questão de sobrevivência para o batalhão. Conhecimento, aderência (por parte de seus homens), dimensionamento adequado, monitoramento e revisão da estratégia são itens fundamentais para o Bope.

E como o hoje comandante do 41º Batalhão de Polícia Militar (PMERJ), do Bope, responsável pela gestão de pessoas, consegue manter a aderência da estratégia entre seus homens? É difícil, principalmente se considerarmos que, quando muda a gestão da PM, é provável uma mudança no tipo de missão, até porque o gestor superior da PM pode não ter consciência do que está implementado na tropa. Vimos que o Bope foi criado para o resgate de reféns, depois foi interventor em situações de risco, passando a buscar armas e drogas e, por fim, adquiriu a missão de pacificar favelas.

Em primeiro lugar, a visão do Bope é em formato de tripé: paz, proteção à sociedade (cidadãos) e dano colateral zero (para policiais e eventuais criminosos em confronto). Assim, o batalhão pode atuar tanto em resgate de reféns como em áreas nas quais a atuação da polícia convencional foi extrapolada (é possível perceber isso logo na abertura do filme *Tropa de elite*). Muitas vezes, porém, a alta administração não tem ciência das diretrizes e aciona o batalhão para situações discordantes dessa visão. E aí surge o problema da métrica: como gerir se não tem como medir?

Na maioria das vezes, não se pode medir o trabalho do Bope. Certa vez, Nunes recebeu uma missão espinhosa de um oficial superior:

– Mande o batalhão para a comunidade da Barão, na Praça Seca. Há um baile funk lá que perturba toda a região, tem traficantes armados de fuzis, roubos e tiros. Precisamos impedir que o baile aconteça.

Já era noite, por volta das 19 horas. O perigo de uma operação noturna ia contra uma das visões: dano colateral zero. Nunes procurou alertar sobre os riscos, mas recebeu a ordem:

– Vá lá acabar com o baile.

O Bope foi ao local e, depois de muitos tiros e muito enfrentamento na escuridão, tomou conta do terreno e proibiu o baile. Apesar da ação, não houve prisões, mortes ou apreensões. E prisões e apreensões são fatores imprescindíveis para a medição da produtividade do batalhão.

No dia seguinte, chegou um e-mail ao Bope: era um morador da Barão agradecendo pela ação e relatando que, havia seis meses, ele e dezenas de moradores não conseguiam dormir na noite de domingo por conta do baile promovido pelos criminosos. E ele apenas queria dormir para poder trabalhar no dia seguinte com mais disposição. O ponto em questão é que essa "conquista" não se mede, não entra em métricas. Quando a PM pacificava uma comunidade e, seis meses depois, um estabelecimento comercial podia ser aberto e gerar empregos, não havia registro na "contabilidade".

Ao permitir que cidadãos descansem para que possam acordar bem-dispostos para um dia de trabalho, o Bope cumpriu uma parte de sua estratégia: ser um instrumento para alcançar a paz. Para a alta administração, todavia, não se registrou produtividade.

Em uma administração anterior, ocorreu a inesperada tomada do Complexo do Alemão. Era novembro de 2010, houve vários atentados no Rio de Janeiro, carros incendiados, ônibus depredados, tiros em unidades da PM, um caos. A tomada do Alemão, prevista para acontecer depois da tomada da Rocinha, dali a dois ou três anos, foi antecipada. Um confronto de traficantes com uma viatura de um batalhão convencional acabou acelerando a chegada de várias equipes do Bope ao local. Nessas horas, é fundamental lembrar a frase de Sun Tzu: "A suprema arte da guerra é derrotar o inimigo sem lutar".

Quando o Bope entrou na comunidade, começaram a surgir imagens por todos os lados de grandes grupos de traficantes. O cenário era desfavorável para um confronto. O comandante-geral então se reuniu com o secretário e o governador, e ambos pediram reforço à Marinha.

Se o leitor acompanhou os eventos, deve se lembrar de dezenas de blindados passando pela Avenida Brasil, transmitidos ao vivo pelas emissoras de televisão. Algum tempo depois surgiu a cena que já entrou para a história do Rio de Janeiro: centenas de traficantes armados em fuga subindo em coluna. A estratégia do Bope? Paz, proteger a sociedade e dano colateral zero.

Com força, ostensividade e supremacia na guerra, eles deram a paz momentânea à comunidade, protegeram a cidade sob ataque e evitaram trocas de tiros desnecessárias. E, de quebra, mandaram um recado para todas as outras quadrilhas de criminosos: o estado é maior. Se mais de cem bandidos fogem, imagine uma quadrilha menor? O que faria? Fugiria também, claro. A supremacia do estado nesse caso protege a vida.

Some-se a isso a extrema aderência à estratégia demonstrada por todos os integrantes do Bope. Uma história contada pelo capitão Rodrigo Pimentel serve para mostrar o quanto ela pesa nas decisões e nos sucessos do batalhão. No domingo em que acontecia a final da Copa do Mundo de 1998, entre França e Brasil (vencida por 3 × 0 pelos franceses), dois policiais abordaram o capitão que chefiava o plantão no batalhão. Eles propuseram que o Bope fizesse uma operação no Morro do Turano, na Tijuca, Zona Norte do Rio de Janeiro – um dos mais perigosos de toda a cidade. Os dois eram soldados. Atuando como planejadores, como líderes (voltaremos a falar dessa liderança compartilhada mais à frente), apresentaram a proposta de atuar com o fator surpresa. Ora, quem estaria pronto para uma incursão?

O capitão, com aderência à estratégia do Bope e sem aderência nenhuma ao time treinado pelo grande Zagallo, aceitou a proposta. Antes mesmo de Zidane fazer o primeiro gol da França, a equipe deixou o batalhão, naquela época situado perto do Turano, ao lado da Passarela do Samba. Uma vez no local, a confirmação do prognóstico dos soldados: onde costumeiramente havia meninos monitorando a chegada da polícia, tudo estava vazio. Mais à frente, onde o Bope costumava se proteger da primeira rajada de fuzil, nada aconteceu. Até que na metade do percurso rumo ao ponto culminante, flagraram "soldados do tráfico" vigiando um ponto de venda de drogas. Não houve tempo para esboçar qualquer reação: dois homens foram presos com fuzis e drogas. Um deles, espantado, ainda perguntou: "Vocês não gostam de futebol?".

A estratégia do Bope já era então focada na apreensão de fuzis e drogas – e diferentemente de outras organizações, no Bope o homem da ponta, o soldado, tem tanta aderência à estratégia que o foco no objetivo é natural. E mais: se ele, soldado, fez o Curso de Operações Especiais, o chefe dele também passou por essa etapa. Daí todos entenderem a importância do planejamento. Numa comparação um pouco exagerada, é como o caixa de um banco ter o mesmo entendimento estratégico de um dos diretores financeiros.

Fica claro, portanto, que a estratégia, no caso, é um organismo vivo, um curso de ação a ser revisto e redefinido com as mudanças nas condições do ambiente. A análise do cenário é fundamental e, para fazer mudanças, é preciso que a aderência esteja sempre em alto nível. Nesse ponto, voltamos ao que conceituamos no início do capítulo: a estratégia não pode ser mais complexa, mais "longa" do que seu objetivo. Com mudanças cada vez mais velozes, não se pode ter algo abrangente demais. Ela precisa ser simples como as formas mais funcionais da natureza. No caso do Bope, não adianta o policial ter um fuzil com dezenas de peças para montar, pois vai tomar tempo e esforço, e ele não conseguirá usá-lo.

A briga com gestores do alto escalão, no caso da PM, é para gerenciar mudanças na estratégia, uma vez que o que está previamente escrito em cadernos militares antigos é uma espécie de âncora – que se torna bola e corrente. No caso do Bope, a excelência dos profissionais facilita a aderência à sua própria estratégia. O entendimento de que levar tranquilidade a uma comunidade é dar paz, de que assustar criminosos e tomar seu território sem mortes é dano colateral zero, de que ajudar batalhões convencionais em momentos de crise é, sim, proteger a sociedade.

O ponto de mudança da estratégia que marca a diferença entre uma empresa de médio porte, como a que exemplificamos, e uma corporação de 50 mil homens diariamente envolvida em crises como a PM. A corporação que faz um redirecionamento estratégico em 2013 visando a 2018 atinge o ano de 2017 com pelo menos quatro alterações em seus gestores e escopos. Não é preciso, portanto, esperar até 2018 para mudar!

Por isso, tanto o gestor de uma empresa de óleo e gás quanto o gestor de uma unidade tática de combate precisam ter estes cinco pontos bem claros:

1 - Profundo conhecimento do negócio;
2 - Aderência das equipes e de seus gestores na estratégia;
3 - Implementação e monitoramento da estratégia;
4 - Revisão da estratégia nos momentos cruciais, mantendo total atenção às necessidades de correções;
5 - Entendimento do dimensionamento da estratégia. O tempo gasto nela é proporcional ao negócio? Há mais planejamento do que execução? Há menos planejamento do que aquilo que pretende executar?

Com esses cinco pontos sempre muito bem observados e monitorados, sua estratégia estará mais próxima dos objetivos e metas do negócio.

Homenageando nosso querido professor Alvaro Bruno Cyrino, as reflexões sobre estratégia se resumem: "A arte e a ciência da criação e distribuição do valor para os *stakeholders*".

Dois

FINANÇAS: QUANTO A SUA EMPRESA VALE?

O dinheiro não traz felicidade – para quem não sabe o que fazer com ele.
Machado de Assis

Depois de citarmos Sun Tzu no capítulo sobre estratégia, não se surpreenda, caro leitor, com uma epígrafe de Machado de Assis, um escritor brasileiro. Afinal, este é um livro feito por brasileiros. E esta é uma frase que simplifica ao extremo o que vamos propor neste capítulo: saber muito bem o que fazer com o dinheiro da sua empresa.

Devemos iniciar nossa reflexão citando o que é primordial em gestão financeira, que é o estabelecido por Lawrence J. Gitman em sua obra clássica *Princípios de administração financeira*. Nela, Gitman destaca as três funções que o responsável pelas finanças em uma empresa precisa perseguir e manter. Em primeiro lugar, saber realizar a análise e o planejamento de seu negócio. Segundo, administrar a estrutura de ativos da empresa. Terceiro, cuidar de seu capital. Essas três questões propostas por Gitman são recorrentes no dia a dia de qualquer gestor financeiro.

São esses os atributos de um bom Chief Financial Officer (CFO), ou diretor financeiro, o executivo responsável pela boa gestão do dinheiro. Mas é importante lembrar também que, apesar do Chief Executive Officer (CEO), ou diretor-geral, ser o principal executivo do negócio e carregar com ele a responsabilidade da estratégia, ele não deve olhar para baixo ao procurar seu CFO. No nosso entendimento particular, o CFO é alguém que está ao lado do CEO, numa relação de complementaridade e total paridade.

O CEO que olhar para baixo ao procurar seu CFO cometerá um erro grave, pois ambos são parceiros em defesa da empresa. Enquanto o CEO tem uma visão holística do negócio, o CFO viabiliza a existência de recursos essenciais para sua existência, cuidando do caixa, verificando se as estratégias adotadas estão efetivamente levando à geração de valor. Sim, é o CFO quem checa constantemente se as medidas implementadas na empresa realmente permitem que a gestão entregue aos sócios ou acionistas o que foi combinado e, mais do que isso, supere suas expectativas.

Embora seja importante que o CEO e o CFO estejam em nível de paridade, vale recomendar algo a pequenas e médias empresas, para que não fique brecha alguma: em nenhuma hipótese deve-se deixar de delinear com precisão as duas pastas, mesmo que elas sejam executadas pela mesma pessoa. Nas pequenas empresas, normalmente o dono é o goleiro, o zagueiro que cobra tiro de meta, o meia que mata a bola e lança para o lateral, é também o lateral que faz o cruzamento e, com o que sobra do fôlego, é o atacante que cabeceia o cruzamento – para dentro do gol, por favor! Esse é o modelo do mundo real, e muitas vezes tal concentração de poder parece diluir a importância verdadeira de funções distintas. É um erro. Deixe bem claro que há dois territórios para serem administrados, como dois estados diferentes de um mesmo país, com a mesma cultura, mas com peculiaridades a serem alinhadas.

"Olha, adorei o projeto! Vamos fazer! Você pode apresentá-lo novamente para o CFO da minha empresa?" – essa pergunta costuma ser feita ao tenente-coronel Nunes, quando discute Parcerias Público-Privadas (conhecidas como PPPs) para o Bope. São CEOs que, com essa atitude, validam seus CFOs, confirmam sua importância e investem em seu empoderamento.

Antes de falarmos do Bope e de outro caso real que revela pontos importantes de uma boa gestão financeira, vale a pena refletir sobre alguns conceitos. Primeiramente, vamos pensar em como é o profissional que cuida das finanças da empresa, qual é o seu perfil.

O CFO precisa ter a *expertise*, o conhecimento suficiente (talvez até mais que o suficiente) para cuidar da tesouraria, liberar recursos e acompanhar investimentos, fazer o planejamento financeiro e permitir que todas as áreas da empresa sejam irrigadas com o "vil metal" para que possam operar. Ele deve enxergar o orçamento anual como a sustentação da estratégia em execução. O CFO também deve estar preparado para realizar a captação dos recursos financeiros, tendo em mente que seu papel primordial é ser responsável por viabilizar o crescimento da empresa.

Um ponto importante e que veremos mais à frente em um caso real é que o CFO precisa garantir que sua estrutura esteja sempre saneada, documentada e preparada em todas as dimensões para captar recursos, sejam eles de bancos públicos ou privados. Apesar de não nos interessar muito fazer distinções entre pequenas, médias e grandes empresas, devemos de vez em quando assinalar quando elas são decisivas: neste caso, nas empresas menores, é fundamental que o responsável pelas finanças tenha um olhar especial para os principais conceitos da administração financeira, tratando seus ativos, seu fluxo de caixa e seu capital de acordo com as definições corretas. É claro que nas empresas maiores você vai encontrar uma especialização mais profunda, com profissionais que terão uma vivência maior de controladoria, de área fiscal e de auditoria, entre diversos outros desdobramentos da gestão financeira.

Ao olhar para a área financeira, é necessário pensar na aderência de toda a atuação do negócio à estratégia original. Assim fica mais fácil de entender por que o CEO e o CFO devem trabalhar lado a lado, por que devem se entender perfeitamente: porque investimentos, financiamentos, orçamentos e controles são essenciais para que o negócio dê certo. É como se o CEO e o CFO fossem partes vitais de um organismo – um é o sangue, e o outro o próprio sistema circulatório. E preferimos no momento não dizer quem é quem.

É o CFO quem vai monitorar constantemente um item importantíssimo, que é o quanto vale a sua empresa – o chamado *valuation*. Para tornar isso mais claro, vamos falar da importância do *valuation* do Bope, narrando aqui dois casos reais envolvendo essa importante unidade, no contexto da gestão de segurança pública no Rio de Janeiro.

Uma luta antiga do tenente-coronel Nunes é pela determinação de um *valuation* do Bope. Como determinar, como valorar uma instituição pública e de segurança que não tem fins lucrativos – mas que tem custo? Isso mostra a diferença gritante entre administração financeira pública e a administração financeira privada.

A tendência da literatura sobre o assunto é a de apontar sempre na direção da percepção de valor do cliente final. No caso do Bope, o cliente final é a população, a sociedade organizada. Quanto vale para a sociedade a percepção de que vive em um ambiente mais seguro? E como se pode empregar o *valuation* para que a empresa prossiga, cresça, prospere?

Vamos voltar um pouco no tempo, mais precisamente até 2007. Todos no Brasil acompanharam o incrível sucesso do filme *Tropa de elite*, dirigido por José Padilha, cujo protagonista, vivido por Wagner Moura, era um oficial do Bope, o capitão Nascimento. Na época de seu lançamento, houve muita polêmica, já que parte da população rejeitou os métodos e a filosofia de Nascimento – apesar de grande parte ter abraçado o personagem. Como reação, por discordarem da forma que o batalhão foi apresentado, alguns oficiais da própria PM do Rio processaram os produtores do filme. Acima, no entanto, da discussão maniqueísta sobre se Nascimento era bom ou mau, existiu uma percepção maior, generalizada, por parte da população: a de que aquele era um batalhão extremamente profissional, de elite, a melhor tropa de combate urbano do mundo, a única unidade em todo o planeta que se envolve em algum confronto praticamente todos os dias.

E foi a essa percepção de valor que o então major Nunes dirigiu seu foco na época, vendo nela uma oportunidade. O filme, com efeito, expôs o batalhão, mas em vez de se fixar em uma eventual percepção controversa da sociedade em relação aos caveiras, o Bope trabalhou o valor mais sólido: a comunicação estratégica, ressaltando os atributos mais positivos do batalhão, já que a ideia era, dentro de uma realidade de custeio e investimento público, fazer o gestor destinar seus recursos para a segurança pública.

Simultaneamente à comunicação estratégica, o oficial resolveu marcar presença constante na Secretaria de Estado de Segurança. Para isso, levou projetos e propostas semanalmente. O objetivo era claro: convencer a estrutura hierárquica, já muito pressionada pela sociedade, que exigia investimentos em segurança. Como havia um grande reconhecimento pelo trabalho do Bope, foi fácil conduzir a destinação dos recursos.

Em relativamente pouco tempo, os projetos começaram a ser aprovados. O número de policiais no Bope começou a crescer, com mais e mais cursos de formação – o já mencionado e exigente Coesp –, e equipamentos foram comprados em um ritmo jamais visto. Nunes chegou a comparar o período com o de Juscelino Kubitschek, que propôs para o Brasil cinco anos de desenvolvimento equivalentes a meio século. O Bope, então com pouco mais de trinta anos de criação, recebeu em três anos mais investimentos do que nunca.

Mas, pegando emprestado o título do livro de Ferran Soriano sobre a gestão do Barcelona, a bola não entrou por acaso: Nunes estruturou a informação para buscar investimento, o que é extremamente recomendável na gestão pública quando se trata de obter recursos não reembolsáveis. O oficial fez dezenas de testes e avaliações em diversos armamentos – os do Bope, em 2008, estavam em péssimo estado – e abriu frentes de pesquisa sobre o assunto. Depois de chegar a uma especificação técnica muito detalhada, foi possível obter os recursos, abrir uma licitação e importar seiscentos fuzis americanos, algo inédito na história do batalhão. Em 2000, compraram fuzis da Colt, porém de forma açodada e sem planejamento. Dessa vez foi diferente. Houve aí uma sequência lógica: exposição – oportunidade – elaboração de projetos e estudos de viabilidade econômica – estratégia de captação – execução.

A liberação de recursos financeiros para aquisição de bens materiais ou serviços demanda, por parte do requisitante, profundo conhecimento técnico e total aderência ao planejamento financeiro – que, por sua vez, tem total aderência à estratégia. Só assim o gestor principal (no caso do Bope, o secretário de segurança) se sente confortável para liberar os recursos e, em alguns casos, mudar formatos, criar novos modelos, quebrar paradigmas, como acabou acontecendo. Nunes foi o CFO do Bope, buscou recursos para o investimento, montou um plano que tinha aderência à estratégia principal do governo, relacionada à percepção de segurança para a sociedade. Atuou como um financista, montando o projeto. Pesou nisso, claro, o cenário externo: se José Mariano Beltrame fosse o secretário de segurança da Dinamarca, país que em 2017 foi considerado o mais seguro do mundo, ele não liberaria recursos de vulto. Muito provavelmente o fizesse para policiamento preventivo, para programas educacionais, algo com a cara da Dinamarca. Mas, no Brasil, o Bope precisa estar bem equipado, desde que sua reputação permita. Fazendo o jogo inverso, ou seja, situando o projeto no Brasil, porém imaginando um batalhão fictício, cheio de irregularidades e que tivesse problemas em todas as suas operações, o resultado seria o mesmo que na Dinamarca: nada de investimento.

A situação do Bope em 2017, quase uma década depois, refletia o cenário do governo do estado: cortes de custos, previsão de atraso nos investimentos e problemas de pagamento. A gestão financeira precisa ser proativa, buscar recursos e ser constantemente monitorada. Mesmo assim, a grave crise obriga seus oficiais a tecerem acordos meticulosos, sempre de acordo com a legislação vigente para garantir a operação.

Numa terça-feira, 2 de maio de 2017, a principal via expressa do Rio, a Avenida Brasil, ficou bloqueada com ônibus queimados, caminhões saqueados, tiroteios e correria. Eram ações de traficantes tentando tomar a Cidade Alta, favela localizada no bairro de Cordovil, subúrbio da cidade. O Bope precisou ser acionado. E o que a população espera do batalhão numa hora como essa?

Em primeiro lugar, que o Bope chegue logo ao local. Nunes, com toda celeridade, acionou a primeira equipe. Ele sabia que a resposta rápida era determinante para a vitória. O conflito, porém, tomou proporções maiores. Era necessário mandar mais um time de policiais do Bope. E aí o cenário externo pesou: por causa da crise de gestão no estado, o contrato de manutenção das viaturas da PM com uma empresa privada não fora renovado. Não havia uma viatura específica que estivesse disponível. Ninguém na mídia soube dessa mazela vivida pelo Bope – Nunes mobilizou recursos e deslocou viaturas que atuavam em outras funções, menos relacionadas com a atividade-fim porque, naquele momento, entendeu que o Bope precisava entregar resultados, cumprindo sua missão com a sociedade.

A missão foi cumprida, e a imagem do Bope não sofreu abalos, no entanto esse não foi um episódio isolado, e sim representativo. Como gestor do Bope, Nunes enfrentou a crise do Rio com tanta atenção quanto se estivesse no meio de um confronto com traficantes, talvez mais. O Bope, em 2017, estava com um custo operacional 30% além da receita, oriunda do caixa do estado. Material de limpeza, gás GNV e pão, isso mesmo, pão, estavam entre as despesas que mais impactavam. O Bope precisa também estar com todos os documentos rigorosamente em dia. Como atuar em uma corporação que, historicamente, é reativa em praticamente todas as suas questões? Há, inclusive, um conselho financeiro, no qual os gestores trimestralmente precisam relatar seu desempenho.

O Bope encontrou sua resposta nas PPPs. E, curiosamente, a reputação advinda da exposição de 2008 foi decisiva, pois atraiu empresas dispostas a investir um pouco para o trabalho de um batalhão que por anos foi associado ao projeto de pacificação do Rio, e que será eternamente reconhecido por sua excelência em gestão de crises. Ao lado dessas parcerias pesa algo que já vimos no capítulo 1: a aderência do policial do Bope à estratégia. O comprometimento da tropa com a missão faz todos darem sua cota de contribuição para a gestão financeira encontrar soluções.

Um último item a ressaltar dentre as ações do gestor Nunes no Bope merece sua atenção, pois será destacado no próximo caso e enfatizado no fim deste capítulo: tudo é sempre devidamente formalizado e documentado. A palavra "informal" não existe na gestão do Bope. Memorandos, ofícios, pedidos de verba, informes, tudo vai para o papel e é devidamente protocolado. Essa é uma lição que podemos aprender dos bons oficiais da Polícia Militar: a formalização, algo necessário em qualquer empresa, mesmo aquelas que começaram em regime informal.

E é sobre empresas que começam informalmente que precisamos refletir no próximo caso, vivido por Alexandre Gurgel. É preciso ter flexibilidade e reconhecer que há negócios brilhantes, grandes empreendimentos, que nem sempre começaram com o recurso financeiro para despontarem ou criarem seu próprio mercado e nele vencerem. Negócios de grande sucesso, como a Microsoft e a Apple, começaram em fundos de garagem. A partir disso, podemos compreender que grandes ideias transformadoras, quando ainda em maturação, nem sempre são amparadas por uma estrutura consolidada, tendo dificuldades naturais em cumprir todas as exigências de uma operação empresarial. Há, contudo, a necessidade vital do gestor de atrair recursos para chegar ao próximo patamar e sair do modelo de pouca ou nenhuma formalidade, entrando de uma vez no formal.

Um caso interessante vivido por Gurgel é justamente o de uma operação inovadora. Um cliente descobriu uma função até então nunca registrada para um resíduo de sua produção principal. Seu *core business*, ou foco do negócio, tinha um bom faturamento, atendia ao mercado, com fluxo de caixa suficiente para manter suas compras, cuidar do processamento e da entrega do produto. A nova operação, porém, demandava mais investimentos e recursos por carecer de outra estrutura. Pouco tempo depois, o gestor percebeu que se descuidou ao longo dos anos de sua parte financeira, e descobriu a terrível verdade: não estava estruturado para a nova operação e dificilmente captaria os recursos necessários. Por quê? Sua contabilidade e o departamento fiscal não resistiriam a uma *due diligence*, que é um levantamento prévio mais detalhado pelo possível investidor, e a uma auditoria. O *valuation*, portanto, é impossível por ser inviável a aplicação de uma metodologia correta de análise.

Em uma comparação simples, o carro era lindo, rendia muito bem, atingia grandes velocidades, seus bancos de couro eram confortáveis, mas suas peças internas eram frágeis e não sustentariam uma corrida mais exigente em ritmo de competição. O fato de a empresa funcionar havia alguns anos deixava um rastro de passivos, e o percentual de riscos para o investidor se tornava muito maior por causa disso. Tudo parecia funcionar bem, porém não se sabia até quando. Essa insegurança afastava o investidor, que exigia que tudo estivesse em ordem para não perder dinheiro mais adiante. A indecisão era grande: o novo produto seria um mero *spin-off*, ou derivação, do produto original? Haveria uma captação própria para ele? A captação de investimentos demandaria aumento de produção do produto original e, com isso, automaticamente mais recursos financeiros. E agora? Infelizmente, para receber investimentos, a empresa não estava "redonda".

O fato de "dar certo" na informalidade não pode gerar um sentimento eterno de que se pode seguir assim. Para mudar de patamar, a empresa deve se adequar a todas as exigências da legislação. É um novo ponto de partida. O gestor deve perceber o momento e até mesmo, se necessário, comprometer sua rentabilidade por um período para o negócio ser formal, a fim de mostrar estabilidade e progresso para os investidores se sentirem confortáveis.

Como palestrante em dezenas de empresas, Rodrigo Pimentel conhece alguns casos em que, depois da estabilização, veio a "decolagem". Como dissemos, as empresas devem renunciar à estabilidade orçamentária por algum tempo para, em seguida, iniciarem um *kick-off*, ou recomeço, em outro patamar. Mas há empresas que acreditam ser possível trocar o pneu com o carro andando, fazer um longo *sprint*, ou uma grande corrida, e, ao mesmo tempo, cuidar de sua regularização. Pimentel faz uma analogia interessante com o caso de um treinamento do Bope, que consistia em subir correndo a Estrada das Paineiras até a estátua do Cristo Redentor, no Rio de Janeiro.

A Estrada das Paineiras é o caminho para os que querem chegar ao Cristo de carro ou a pé, em vez de utilizar o trenzinho que tem seu ponto inicial no bairro do Cosme Velho, na Zona Sul do Rio. Quando os testes físicos eram realizados, havia entre os policiais os que estimavam o tempo para finalização do percurso. "Meia hora", diziam os atletas, cheios de ímpeto, depois de verificarem a distância a percorrer. "No mínimo uma hora", diziam os mais ligados a funções administrativas, donos de uma lógica mais serena. Os primeiros tinham energia para fazer a distância de 5,5 quilômetros do Cosme Velho até a estátua no tempo estimado, ou seja, em meia hora. Esse cálculo, no entanto, não levava em conta o declive acentuadíssimo e sempre subestimado. Já os mais lógicos lidaram com as próprias limitações e estabeleceram um prazo mais realista, mesmo sem entenderem que o declive realmente comprometia o desempenho até dos corredores mais treinados. Assim sendo, o percurso era feito em uma hora e quinze minutos, num ritmo que progressivamente se tornava mais lento, "pressionado" pelo declive acentuado do Corcovado.

É dessa forma que acontece com empresas que se mostram ágeis, eficazes, fortes como atletas: muitas vezes subestimam o "declive" decorrente do processo de regularização e acabam sendo naturalmente contidas. Aquelas que se programam para, no tempo certo, fazerem seus *sprints* de modo sustentável e com as devidas certificações e regulamentações alcançam o topo em um tempo até menor do que os mais pessimistas suporiam de início. Para Pimentel, essa é uma metáfora importante em finanças: programe-se, entre nos trilhos e siga morro acima de forma estruturada e pronto para responder a auditorias externas. O tempo que você gastará para chegar ao topo depende dessas medidas.

Após a análise de casos práticos, quais seriam nossas reflexões para uma boa gestão financeira do negócio, seja quais forem o tamanho, o cenário ou a atividade?

1 - Decidir se o crescimento da empresa será orgânico, ou seja, com recursos próprios, ou se exigirá investimentos de outras fontes;
2 - Manter um rigoroso monitoramento da execução do planejamento financeiro, lembrando que esse precisa ter total aderência aos objetivos estratégicos da empresa;
3 - Conservar os setores contábil e fiscal em dia, de modo a estarem sempre prontos para auditorias externas, internas e fiscalizações. Lembre-se de que a empresa precisa estar regulamentada para participar de licitações e, em alguns casos, receber faturas de órgãos públicos;
4 - Conhecer o *valuation* da sua empresa escolhendo a metodologia e atualizando-o permanentemente;
5 - O dinheiro da empresa é da empresa. A retirada dos sócios deve estar devidamente prevista e efetuada mediante pagamento oficial de pró-labore e, se possível, de adiantamento de lucros registrado na contabilidade. Não use o dinheiro da empresa sem previsão e sem deixar uma sobra de caixa suficiente para sua operação.

Essas são recomendações básicas que devem fazer parte do checklist de todos os CEOs e CFOs. Esperamos que profissionais dos dois cargos compartilhem essa lista simples e objetiva. E, lembrando a frase de Machado de Assis com que iniciamos o capítulo, desejamos que o dinheiro lhe traga felicidade.

💀 💀 💀

Três

PESSOAS: GENTE É PARA BRILHAR, SIM

Um homem é infinitamente mais complicado que seus pensamentos.
Paul Valéry

O filme *Tempos modernos*, de Charles Chaplin, lançado em 1936, nos traz a perfeita metáfora para falar de gestão de pessoas. Corrigindo: como não deve ser a gestão de pessoas. Para quem não assistiu, o clássico conta a história de operários e, especificamente, de um personagem – Carlitos –, que vive a passagem da produção artesanal para a produção em série. Para tal, as condições físicas e psicológicas não importam muito. Carlitos é um personagem que faz a mesma coisa todos os dias, numa rotina desgastante e desanimadora.

É o retrato de pelo menos três gerações – Geração Silenciosa, Baby Boomers e Geração X, que viveram o velho "departamento pessoal" cheio de chefes e seções estanques. Aquele antigo DP, com setores que se comunicavam pouco e trabalhavam muito (recrutamento e seleção, treinamento, remuneração). Era o tempo em que pessoas eram chamadas de "recursos humanos". Não se trata de um erro, e sim de um mau hábito a um passo de virar vício. O resultado disso, dessa mecanização ao tratar de pessoas, é que se criou, infelizmente, uma tendência entre executivos e demais profissionais de simplificar pessoas, encaixotá-las, tratando-as todas do mesmo jeito, sem levar as diferenças individuais em consideração.

Tal e qual o personagem de Charles Chaplin, que fica a vida toda na empresa, era possível até bem pouco tempo atrás ouvir funcionários comentando que ficaram vinte ou trinta anos na mesma empresa e no mesmo setor. É uma visão fordista do colaborador tratado como recurso, empacotado especificamente para um departamento. No conceito moderno de gestão de pessoas, essa visão desmorona. Em vez de um profissional se orgulhar de passar, digamos, dez anos no mesmo setor da empresa, há aqueles que param e refletem: "Estou completando meu segundo ano na função. É hora de procurar novos desafios na empresa. Se eu não os encontrar, verei como está o mercado".

Se você pretende gerir pessoas no século XXI, é bom estar a par dessa tendência. O modelo atual de gestão de pessoas obriga os executivos a uma mudança no jeito de acolher os colaboradores. Passa-se a usar esta palavra, "acolhimento", que deve ser desenhada desde as premissas estratégicas até os detalhes que você inicialmente julgue não serem importantes. Volte seus olhos ao início do capítulo e leia de novo a frase do francês Paul Valéry que escolhemos para a epígrafe: "Um homem é infinitamente mais complicado que seus pensamentos".

O seu objetivo como gestor de pessoas é encontrar e reter talentos. Costumamos brincar dizendo que procuramos, na verdade, não o "tá lento", mas o "tá rápido". Reter "tá rápidos" é um grande desafio. Primeiro, identificá-los: são aqueles profissionais com 100% de conectividade, *first addopter*, ou primeiros usuários, de redes sociais novas, *gadgets*, ou novos aparelhos, e tecnologias de ponta que acordam conectados, que têm um olhar sustentável e foco na inovação. Se costumamos dizer que o jornal impresso que recebemos de manhã já está ultrapassado, o "tá rápido" vai mais além: para ele, até o jornal digital está velho. Ele se conecta com o mundo de uma forma tão completa e complexa que muitas vezes é informado até mesmo antes do *gatekeeper* da notícia, ou seja, do jornalista profissional.

Quando fazemos essa brincadeira com as palavras, veja bem, a primeira obviedade que precisa ser dita é que um talento, com sua origem etimológica, está longe da lentidão. É uma relação direta com o fato de que, atualmente, quem não for rápido chega muito depois. A transição da era da industrialização para a do conhecimento transformou as pessoas, que precisam realmente ser mais rápidas e conectadas.

Você concorda que reter "tá rápidos" é algo inteiramente novo? Mas, antes de prosseguir, vamos esclarecer: quando falamos em entender o "tá rápido", em seu acolhimento, não estamos de forma alguma recomendando que se despreze o objetivo principal de qualquer empresa, que é a geração de valor. Estamos aconselhando que se alinhe esse objetivo a um clima motivacional inspirador, motivador, capaz de conquistar os "tá rápidos" e engajá-los, fazendo seu negócio ganhar alma.

Tanto no mundo corporativo quanto no Bope, a palavra que se impõe é "confiança". Vale lembrar o nosso professor e querido amigo Marco Tulio Zanini, que, em seu livro *Confiança: o principal ativo intangível de uma empresa*, demonstra de forma clara que o comportamento organizacional de uma empresa moderna passa pela gestão de seus ativos intangíveis, dentre eles a confiança como grande diferencial competitivo. Em uma empresa na qual se perceba a confiança presente com mais robustez, o foco no trabalho é maior. Com uma atuação de interdependência nas relações entre equipes, chefes e departamentos, do presidente ao porteiro, ela se impõe àquelas instituições herméticas. Entendemos que a confiança traz relações que se opõem a qualquer outra em que prevaleça o binômio bajulação-fofoca. É um valor intangível que deriva do seguinte tripé: transparência nas relações internas, percepção de integridade e preocupação legítima com os colaboradores.

Quando um comandante do Bope discute com as autoridades a liberação de verba para a aquisição de melhores equipamentos, como coletes balísticos que preservem suas vidas, ele está reforçando cada vez mais a confiança. No ambiente empresarial, a confiança é pré-requisito para manter o colaborador no seu patamar máximo de produção. Estamos considerando um gráfico em que a curva de desempenho do empregado começa negativa, já que, quando ele chega, gera despesas e carece de treinamento e aprendizado. Depois de um tempo, vem o *ramp-up*, ou aceleração, no qual atinge um patamar cuja duração depende da execução das políticas motivacionais e do conjunto de ações a serem implementadas, a fim de fortalecer os laços entre colaboradores e empresas. Um dia, os laços se afrouxam, ele desce de patamar e então decide sair da empresa.

Se você decidir estudar o *Return On Investment* (ROI), ou retorno do investimento no colaborador, dificilmente sua curva de desempenho fugirá dessa descrição, se todos os gatilhos citados forem realmente acionados. A relação entre os colaboradores e a empresa precisa ser sólida e fundamentada em confiança e nos diversos valores intangíveis. Você perceberá que, apesar de os indivíduos serem diferentes, na gestão de pessoas há essa interdependência intrínseca.

Aqui passamos a narrar a experiência real de Gurgel como gerente executivo em uma das unidades operacionais de uma grande empresa. A indicação para a vaga havia sido de uma das Big Four, como são conhecidas as quatro maiores empresas de auditoria (Ernest & Young, PwC, Deloitte e KPMG), no caso a KPMG. A área a ser assumida tinha nada menos que trezentos colaboradores diretos e mais de mil indiretos por toda a região em que estava instalada. O executivo anterior fora demitido porque o desempenho da unidade ficou abaixo do que o plano de negócios da empresa aponta.

Findas as etapas seletivas de praxe, chegou o dia em que Gurgel assumiria a unidade. A sede ficava em outro município, mas não tão distante de onde ele morava a ponto de precisar ir de avião. Ele resolveu encarar a viagem de carro. No trajeto, reflexões, pensamentos, expectativas ao som dos Beatles e de Neil Young. Como seria a receptividade? Quais áreas ele deveria focar inicialmente? Que ações imediatas adotar? Eis que, na entrada da cidade, ele consultou um mapa (ainda não existiam aplicativos de rota) para ver a direção a tomar. De repente, percebeu que 20 metros à frente havia uma placa com o logo da empresa, e resolveu seguir com o carro naquela direção para observar melhor. Olhou para cima, e a placa estava de cabeça para baixo. O executivo então olhou o relógio para ver se já estava na hora de se apresentar à unidade. Ainda faltava mais de uma hora. A boa herança da disciplina militar de ser atento a horários mais uma vez o fazia chegar adiantado – sempre melhor que atrasado, convenhamos!

Ele então estacionou embaixo da placa, abriu o porta-malas, pegou a caixa de ferramentas, achou um arame, subiu no teto do carro e fixou novamente a placa da forma correta. Antes disso, é claro, tirou o terno e a camisa com todo o cuidado, colocando a roupa cuidadosamente em um cabide dentro do carro. Ele sempre levava um cabide para qualquer eventualidade. Depois, ele se vestiu e entrou no carro para prosseguir viagem.

Winston Churchill disse certa vez que devemos ser mais gratos aos males evitados do que aos benefícios eventualmente conquistados. Foi o caso dessa providência: ali, no conserto da placa, começava o processo de transformação daquela empresa. O conserto em si foi importante, porém muito mais importante foi evitar que aquela "janela quebrada" se tornasse um símbolo de gestão, que aquela placa mal colocada se perpetuasse e contaminasse a visão que os *stakeholders*, ou os diferentes públicos, incluindo acionistas, colaboradores, fornecedores, investidores e outros, poderiam ter da empresa. Como gestor principal, ele não poderia aceitar que a cidade olhasse para a empresa daquela forma.

Quando chegou à unidade, começou a avaliar todos os aspectos e números fundamentais da gestão. Foram analisados finanças, plano de negócios, marketing e vendas, colaboradores, estrutura e processos organizacionais, e então percebeu que, de fato, havia um caos na gestão. E a pergunta que passou por sua cabeça lá na estrada voltou: qual área seria mais enfatizada nos primeiros dias? Onde gastaria mais tempo para desembaraçar aquele novelo? Onde colocaria mais "peso"? A decisão veio logo: ancorado em sua vivência e fundamentado por boas práticas e referenciais teóricos importantes, escolheu dar atenção total às pessoas, sempre "equilibrando os pratos", o que significou trabalhar muito além do horário por um período em torno de trinta dias. Afinal de contas, ele passaria esse período conversando individualmente com cada um dos trezentos colaboradores diretos. Tarefas que não demandavam interação pessoal eram deixadas para depois do expediente, e assim saiu diversas vezes de madrugada.

Mas quais foram os ganhos dessa medida inicial drástica e intensa?

a) Olhar nos olhos de cada um e ganhar a confiança daqueles colaboradores que queriam realmente mudanças;
b) Perceber que alguns colaboradores resistiam às mudanças, no entanto apresentavam potencial para delas participarem;
c) Descobrir que havia quem não estivesse bem em suas funções e que certamente estaria em breve em outra empresa.

Depois de conversar com todos os colaboradores, passou a identificar que grupos de pessoas seriam responsáveis diretos pelos diversos departamentos da empresa. Começou-se então a revisar o plano de negócios para dar aderência à estratégia, a área financeira reviu processos, e a equipe de mercado e vendas estudou de que forma se reposicionariam. As orientações dadas vieram das conversas com os colaboradores, e estes, depois de se sentirem confiantes, diziam o que entendiam estar errado na empresa. Isso mostra o quanto foi importante dialogar com eles e, antes de tudo, perguntar o que acreditavam estar errado para ganhar confiança. Gurgel ouviu então uma cachoeira de reclamações, apontamentos e desconformidades. E quando perguntou por soluções, veio o problema: dificilmente surgem soluções viáveis nessas horas!

Ainda assim, após entrevistar toda a unidade, obteve na prática uma pesquisa qualitativa e também quantitativa de problemas e soluções para análise. Com o resultado dessas conversas, ele desenvolveu uma matriz para que cada gestor estabelecesse seu plano de ação de acordo com sua missão. Afinal, todo gestor comanda operações especiais.

Exatamente por ser assim, ele percebeu que faltava um item para cumprir os objetivos: como integrar esses grupos de trabalho? Havia problemas de todo o tipo, muitos de relacionamento interdepartamentais. E não era surpreendente: em uma crise, geralmente o comportamento das pessoas é terceirizar culpas e gerar conflitos. Pimenta na gestão dos outros é refresco, sim! O próximo é sempre o responsável. A grama do vizinho está esmaecida, e seu gramado um campo de várzea. Ele entendeu que havia chegado em um bom momento, a tempo de começar o planejamento para o ano seguinte. Surgiu assim a ideia de promover com intensidade a integração das lideranças. De preferência, fazendo algo que eles nunca tivessem experimentado. Foi montada então uma expedição. O destino, não revelado aos líderes, seria uma ilha desabitada, onde havia um grande farol bem no meio e de difícil acesso. Os líderes de todas as áreas foram convocados e receberam as informações necessárias: precisavam pensar numa operação complexa, que aconteceria em um determinado dia, e elaborar toda a logística, tanto para o local quanto para as pendências que ficariam na empresa. Os colaboradores precisavam ser informados de que todos estariam inacessíveis, mas a empresa deveria funcionar normalmente! Essa era uma cláusula pétrea do jogo proposto.

Uma das premissas era a de que apenas parte da tarefa seria conhecida e o restante seria surpresa. O líder deveria se preparar para todos os cenários possíveis. "Preparem-se para uma batalha". O que era do conhecimento de todos? Apenas o local de encontro e o horário – às 5 horas da manhã! No ponto de encontro, Gurgel recebia os líderes e encaminhava-os para um ônibus razoavelmente confortável, talvez o último conforto oferecido. Antes de subir no veículo, uma troca de saudações interessante: ele os recebia de forma animada e ouvia um "bom-dia" sonolento na resposta. Detalhe: ninguém chegou atrasado. A pouca convivência com o gestor deixara claro que não era bom negócio faltar ou chegar atrasado!

Primeira grande surpresa: o ônibus seguindo para o litoral e, finalmente, parando em definitivo no porto de uma cidade. A segunda: subiriam a bordo de um barco. E a terceira: iriam para uma ilha desabitada. Apesar da apreensão de todos os líderes, tudo estava planejado para ser rápido e seguro. Não havia a menor exposição ao risco – a Capitania dos Portos tinha ciência da viagem, as condições climáticas foram minuciosamente analisadas e a ilha escolhida não apresentava nenhum perigo.

No desembarque, já na ilha, eles descobriram que havia uma missão inicial: atingir o farol de navegação que ficava no alto de uma colina cercada por floresta, com uma trilha com vários trechos difíceis de passar. E mais: no farol, a missão de encontrar uma caixa com um "tesouro". O gestor fez um convite: todos deveriam montar um único time, com atribuições e funções bem definidas para cumprir a missão. Ali surgiu um simbolismo: o plano de negócios aprovado dias antes e ainda passível de execução, cujo início se daria na semana seguinte, demandaria a mesma integração que nascia na ilha. Eram todos líderes de departamentos diferentes, porém naquele momento tiveram uma epifania, vislumbraram a empresa como única e que havia apenas uma missão.

Os líderes ali reunidos não haviam desenvolvido anteriormente o relacionamento proposto na missão. Ao longo do ano, eles se lembrariam desse dia incrível na ilha, e a memória ajudaria a quebrar todas as barreiras de atuação eventualmente existentes entre eles. Um deveria ajudar o outro diante das dificuldades, pois, se a missão fosse bem-sucedida, haveria "o tesouro" no fim, e todos seriam premiados. Se fracassassem, todos sairiam derrotados, inclusive ele, que recebera as tarefas mais chatas ou pesadas por causa de um certo revanchismo dos líderes e que, exatamente por isso, teria menor influência sobre o resultado. Isso já estava previsto e servia para quebrar barreiras de relacionamento entre o gestor e os líderes. Era necessário diminuir a distância do poder, algo que, veremos daqui a pouco, é importante no Bope. Com a missão na ilha ele alcançou o nível horizontal, o que jamais faria sozinho. As lideranças então o perceberam como alguém que realmente contribuiria, e não simplesmente como alguém a quem se reportariam.

A jornada foi dura: cerca de quatro horas mato adentro, no calor, e em trilhas que muitas vezes precisavam ser levemente desmatadas. Ainda havia a diretriz de que não era permitido agredir o meio ambiente. Quando a trilha precisava ser aberta, só o mínimo deveria ser desmatado, o suficiente para um adulto magro passar. Enquanto alguns carregavam peso, outros desmatavam, e outro time carregava a água. No caminho, alguns em má forma física precisaram de apoio, que foi dado. A travessia ocorreu, e um objetivo maior foi atingido: ninguém chegou por último e ninguém chegou em primeiro. O time inteiro chegou junto ao farol.

Viria então a etapa final: os líderes receberam um mapa tão logo chegaram à ilha, o qual foi sendo decodificado no alto do farol, com todas as pistas checadas. Aos poucos, eles perceberam que receberam mapas com diferenças sutis, e que cada um deles continha uma parte da charada. Se tentassem resolvê-la individualmente, fracassariam. O sucesso só viria com a integração. Depois de a turma toda passar uma hora ao redor do farol, tomando decisões, respondendo às charadas, cavando buracos e indo atrás de pistas falsas, pôde-se observar a reação de cada um deles, constatando-se quem era mais ou menos integrador, mais ou menos proativo, e assim por diante.

Finalmente, venceram. Montando o mapa na sequência correta, perceberam que deveriam entrar no farol, subir as escadas e lá no topo encontrar uma caixa de madeira. Dentro da caixa havia um diploma de participação e uma carta de parabenização, acompanhados de um voucher com direito a um jantar no melhor restaurante da cidade com acompanhante.

Todos voltaram para casa com seus prêmios e uma grande reflexão sobre o corporativismo, de como cumprir a missão dentro de uma empresa formando um time. Uma reflexão para a vida, não apenas para o trabalho. Evoluíram e conseguiram transportar a vivência metaforicamente para a empresa.

No dia seguinte, apareceram os primeiros resultados: pessoas que antes mal se falavam agora trocavam fotos, comentavam as atividades, conversavam sobre outros temas, faziam piadas. A mensagem principal fora dada: se não estivessem juntos para o que desse e viesse, não conseguiriam cumprir o plano. Nos dias que se seguiram, surgiram mais sinais positivos: muitos dos líderes pediram para repetir a experiência, mas com suas equipes. Gurgel recebeu diversos pedidos de pequenas ações motivacionais. Todos mentalizaram o conceito de que as pessoas eram o ativo mais importante. E não era mais um mero discurso, mas prática diária.

As atividades de integração passariam a ser um símbolo daquele time. Participaram até mesmo de reuniões à beira da praia no meio do expediente. Quando se percebia que a reunião seria pesada, propunham fazê-la descalços na areia. Ao fim do primeiro ano após o desafio na ilha, aquela unidade estava entre as três melhores da empresa. No ano seguinte, a unidade chegou ao topo e nunca mais deixou o pódio das melhores.

Sempre que se "desintegra" um time, os resultados são desanimadores, e o potencial das individualidades é colocado à prova. Pimentel lembra do caso do processo seletivo empregado nos anos 1990 para admissão de policiais no Bope, no qual se buscava formar um time invencível. Esse era um ponto que sempre chamava atenção e, no caso do temido Coesp, eram quatro meses testando cinquenta homens para aprovar oito, quem sabe dez. Uma taxa de reprovação frequentemente superior a 70%, algo comum hoje em dia nas empresas.

Em um dos dias do curso, um grupo de trinta alunos foi levado pela manhã à Praia de São Conrado, na Zona Sul do Rio. Das 8 às 18 horas, o time ficou lá, aprendendo macetes do mar: identificar "valões" entre as ondas, contagem de ondas fortes e fracas para entrar na água com segurança e, claro, resgatar pessoas se necessário. Com o sol se pondo, o time foi levado para o alojamento e, por volta de meia-noite, todos foram acordados sem aviso prévio. Era hora de voltar para a praia. Quando o time chegou lá, o cenário era desolador: escuridão, mar revolto, ondas altas e correntezas fortíssimas. No local, um time de guarda-vidas, que imediatamente abordou o corpo de instrutores dizendo que entrar no mar naquele cenário era um risco desnecessário. Não adiantou, o treinamento seria mantido. Os alunos ficaram então dentro da caçamba de um caminhão, de costas para a praia, sem enxergar nada, e eram chamados individualmente. A missão era nadar até uma boia a 100 metros da areia, em um dos trechos mais turbulentos do mar. Um holofote fortíssimo ficaria iluminando a boia. O comandante da instrução se dirigiu aos alunos e disse: "Utilize tudo o que você aprendeu ontem", ou seja, que cada aluno fosse até uma boia usando as técnicas praticadas.

Os alunos entravam na água e, quando estavam cobertos até acima dos joelhos, eram chamados de volta. O teste era de coragem, ousadia, determinação individual. Para essa avaliação, era necessário "quebrar" o grupo. É claro que o Bope quer um grupo que se apoie e entre unido nas águas turvas para um salvamento, mas para saber se terá indivíduos que possam fazê-lo sozinhos em alguma situação específica, deve-se desfazer o grupo. E, com efeito, muitos desistiram e foram desligados do curso, cedendo ao blefe e a seus medos.

Isso aconteceu há mais de vinte anos, quase na mesma época em que o jovem Maurílio Nunes chegava ao Bope cheio de expectativas. Ele, um jovem oficial, tenente, tendo de liderar sargentos, cabos e soldados com anos de experiência. Sem medo de entrar na água. Curiosamente, ele chegou ao batalhão com o mesmo espírito de disposição com que Gurgel chegou à unidade que carecia de melhorias na gestão. Nunes queria ouvir os mais antigos e assim validar sua liderança. Era necessário dar voz ao "chão de fábrica", aos praças (soldados, cabos, sargentos) que efetivamente conheciam as favelas, periferias e seus eventuais perigos. O oficial detinha o conhecimento técnico de operações especiais, a teoria, porém quem possuía a vivência eram os praças. O conhecimento pode liderar a vivência? Sim, todavia deve reverenciá-la para tal.

O hoje tenente-coronel (penúltimo posto da carreira policial militar) Nunes tem a vivência e o conhecimento. Gerir pessoas no Bope é obrigatoriamente manter todos no patamar da mais alta produtividade. Quedas bruscas de desempenho podem significar mortes. Tal e qual Gurgel no caso anterior, é fundamental o desenvolvimento do conceito de time em cada um dos comandados.

Um ponto que não abordamos no caso do executivo é a questão do recrutamento e seleção. No Bope, essa é uma etapa fundamental. Apenas os melhores podem estar na equipe, afinal trata-se de um ambiente crítico. A porta de entrada, o Coesp, abre um grande leque na inscrição, contudo logo vira um funil: de quatrocentos policiais inscritos, cerca de 10% são selecionados para fazer o curso, e poucos chegam ao fim dele. O Bope busca o mesmo resultado que as empresas:

excelência. No processo de seleção, tudo é avaliado: saúde física, mental, capacidade de integração, de liderança e de tomada de decisão. O integrante do Bope precisa ser psicologicamente forte, não ter problemas graves e ter saúde de ferro, pois carrega de 25 a 30 quilos de equipamentos no Rio de Janeiro, onde o calor passa sempre dos 30°C e há morros e ladeiras por todos os lados. É preciso incorporar o éthos do guerreiro e, sob condições adversas, tomar decisões que podem pôr a própria vida em risco, bem como a de seus colegas.

E, quando se fala do ciclo de gestão de pessoas, é fundamental citar novamente o Coesp, principalmente a parte ministrada no pequeno distrito de Ribeirão das Lajes, no município de Piraí, interior do estado do Rio de Janeiro. No local, entre duas hidrelétricas, os candidatos a caveiras do Bope passam por estágios de endurecimento e formação de time. O oficial Nunes trabalha ali valores intangíveis: união, superação e liderança. Frequentemente, em determinados estágios, os candidatos sentem raiva do instrutor, tornam-se predispostos a praticar pequenas vinganças, tal e qual aquela dos líderes na expedição à ilha do caso anterior.

Em uma etapa importante do treinamento, o objetivo é levar um barco pesado até um lago próximo. São 200 metros de caminhada carregando uma embarcação que pesa cerca de 150 quilos. Mas há um fator que obriga todos os alunos a dividirem o esforço: o instrutor se senta dentro do barco, aumentando em 90 quilos o peso total. Quando um dos alunos fraqueja, todos logo sentem, uma vez que o barco inclina e o instrutor precisa se segurar para não cair. As palavras que vêm de cima são como açoites. A cada vacilo, o instrutor se impõe duramente, mandando os alunos equilibrarem o peso. Cada um tem assim seu quinhão de responsabilidade. Se todos levarem sua carga, não fica pesado para ninguém.

A etapa seguinte, em Itatiaia, é sem barco. Ocorre em um lago que tem o apelido singelo de "geladeira", e não poderia ser diferente, por se tratar de uma região montanhosa e em altitude elevada. Esse lago fica perto do pico das Agulhas Negras. Assim que os alunos chegam, após uma caminhada de dez quilômetros, entram no lago vestidos apenas com uma sunga. Nada os protegerá, a não ser eles mesmos.

Quando todos entram, postam-se afastados um do outro. O frio cortante e implacável os faz, aos poucos e quase imperceptivelmente, aproximarem-se em busca de calor humano. O instrutor percebe o grupinho se formando, quase se transformando em um só corpo, sólido, invencível, e diz para separarem-se. É inevitável que o aluno fique com raiva, porém deve exercitar seu autocontrole, criando progressivamente uma resistência psicológica ao frio e às demais intempéries.

Com a caminhada de dez quilômetros e o desagradável mergulho no lago – quase uma "crioterapia", ou terapia no gelo, como os atletas costumam fazer em processos de recuperação da musculatura, mergulhando em banheiras a cerca de 8°C –, o aluno se adapta à altitude e escapa do "mal da montanha". O instrutor cria condições no corpo do aluno para que ele possa sobreviver a uma semana muito dura em Ribeirão das Lajes.

Nesses dias duros, cria-se um novo *mindset*, ou mentalidade, no aluno de que a vida no Bope é de treinamento constante, e isso é o que faz a diferença. Ele tem de se aprimorar fisicamente, assimilar teorias, rever procedimentos, se atualizar sobre mudanças de legislação, novos protocolos de segurança, tudo ao mesmo tempo e constantemente. É um ótimo exemplo e uma excelente metáfora para as empresas. Esse aluno do Bope é o "tá rápido" mencionado no início do capítulo. As diferenças de habilidades de conciliação de tarefas simultâneas, com diferentes graus de dificuldades entre eles são evidentes. Cria-se assim um modo de gestão de tantas individualidades, transformando-as em profissionais altamente treinados para atuarem com o mesmo fim.

Depois das fases de recrutamento, seleção, aprovação e treinamento, é importante avaliar a *expertise* mais relevante de cada um, respeitando-a como característica individual. Um soldado pode ter uma percepção maior, uma visão periférica mais ampla, e se torna assim um "ponta de patrulha", o que vai na frente verificando o terreno. Outro mais detalhista e meticuloso se transforma no especialista em varreduras ou explosivos. O importante é que, no fim das contas, eles trabalharão um com o outro, em dependência mútua. Cada um exercerá sua função com foco total, consciente de que os outros farão o mesmo.

Surge, então, mais uma vez, o mesmo valor intangível já mencionado: a confiança. Falar sempre a verdade, ouvir o comandado e saber como as coisas funcionam na ponta, no "chão de fábrica", traz soluções mais simples e baratas do que as decididas unicamente na cúpula. Assim como na expedição à ilha, no Bope a liderança atinge o nível horizontal, aproxima-se e conquista a confiança de seus subordinados.

Outro valor intangível que o Bope trabalha na gestão de pessoas é o pertencimento. O caveira sente o tempo todo que pertence ao grupo, e que ele não existe sem o grupo e vice-versa. Percebe que sua integridade física e mental é importantíssima para o grupo. Quer um exemplo? Um praça perguntou certa vez a Nunes se poderia faltar a uma operação. O oficial perguntou o motivo, e o policial respondeu que o filho estava internado, com pneumonia. Foi liberado no ato.

Qual foi a ponderação do gestor? Entre ter um policial a mais na operação, porém menos focado, preocupado com graves problemas pessoais e pondo a todos em risco, ou um policial a menos, todavia trabalhando alguns dias depois focado e com a sensação de pertencimento, com a confiança plena em seu líder e a certeza de que recebe apoio nos bons ou maus momentos, a segunda opção predominou. As empresas podem aprender com o Bope como o vínculo e o pertencimento falam mais alto que a remuneração. Uma relação baseada apenas em dinheiro tende a se desfazer por causa de alguns dígitos. A empresa investe na formação, no desenvolvimento, e o concorrente contrata seu funcionário porque você não cuidou do ambiente e das condições de trabalho.

O Bope segue a máxima de Mario Sergio Cortella: "Um bom líder não cria seguidores, cria sucessores". Um líder de fato e de direito ouve, mas assume responsabilidades. Esqueça aquele técnico de futebol que fala "eu venci, nós empatamos e vocês perderam". O líder vence junto e perde sozinho. "Se der certo nós vencemos, se der errado eu banco, é tudo comigo", é a frase certa para criar vínculo e confiança. Tome suas decisões com eficiência, eficácia e profissionalismo. No caso anterior, comentamos sobre a questão da distância do poder – em um grupo de alto rendimento como o Bope, essa é uma questão crucial. O soldado do Bope tem um nível máximo de confiança no seu companheiro de patrulha que vai diminuindo conforme ascende na hierarquia; tanto é que o nível de confiança no comandante do batalhão é maior do que na PM como instituição. Não se trata de demérito à PM, e sim que o Bope gere pessoas para formar um time.

O holandês Geert Hofstede desenvolveu o conceito do Índice de Distância do Poder (IDP) para mensurar até que ponto os integrantes menos poderosos na sociedade e nas instituições lidam com a distribuição desigual do poder. Nas sociedades menos hierarquizadas, segundo Hofstede, haveria mais igualdade. O Bope precisa dessa horizontalidade e sentimento de igualdade para operar. Por isso, de vez em quando rompe a estrutura hierarquizada e trabalha em formatos alternativos. Um dos formatos criados por Nunes é implementar uma unidade temporária de comando, na qual o líder toma as decisões com agilidade, e o oficial superior responde pelas decisões, pois confia em seu poder de delegar.

Finalmente, o grande adversário é a famigerada "zona de conforto". O policial passa por um filtro apertado, faz um curso duríssimo, passa por incríveis testes de resistência e agora pode se orgulhar de ser um caveira e ostentá-la no peito. Acabou a "parte ruim". Acabou? É mentira! Na verdade, você não está

No Bope e no mundo empresarial, atuar na mesmice é mortal. É sempre mais difícil chegar ao topo, no entanto permanecer lá é fundamental. Deve-se trabalhar os aspectos intangíveis, treinar, se atualizar. O técnico Bernardinho, referência no vôlei mundial e campeão de todos os torneios possíveis, certa vez fez uma palestra no Bope e exclamou: "Puxa, aqui vocês me ensinam mais do que eu a vocês". Na ocasião, contou aos oficiais que, durante a festa que um time de vôlei fazia no vestiário depois de um título, fechou a cara e disse: "O.k. , pessoal, amanhã de manhã treino às 7 horas". A alegria logo murchou. O time, contudo, tinha outro campeonato para decidir dali a uma semana. Um relaxamento para comemorar seria mortal. Permanecer na zona de conforto significa invariavelmente queda da produtividade.

Os oficiais gestores de pessoas do Bope passam quase todo o tempo preocupados com ela. Muitas vezes, após o término dos treinamentos diários, se não há missão a cumprir, os policiais são reunidos de surpresa para correr pela Zona Sul do Rio, onde fica a sede do batalhão, em Laranjeiras. "Vamos até a Praia do Flamengo", anunciam os líderes. Próximos à chegada à Praia do Flamengo, os soldados naturalmente se preparam para um mergulho e ao menos um copo de água gelada. É quando o líder grita "vamos esticar até a Urca", e conduz todos a um bairro seis quilômetros mais longe.

Esse comportamento se reproduz nas horas de crise: muitas vezes é comum os policiais retornarem de missões cansados, esgotados, loucos por uma ducha e uma cama – no caso, de campanha – e, ao chegarem, se depararem com uma emergência em andamento. O comandante e os comandados apenas trocam olhares e encaram a nova missão. E por quê? Porque o Bope treina seus integrantes para lutarem contra a comodidade da zona de conforto e são reconhecidos por isso.

A autorrealização que um caveira atinge norteia a confiança, o pertencimento e a fuga da zona de conforto. Em determinada ocasião, o oficial Nunes defendeu que a Hierarquia das Necessidades de Maslow é invertida para o integrante do Bope: a autorrealização e o reconhecimento profissional são a base para suas ações, e que, se for preciso, adiam as necessidades físicas de descanso e alimentação para cumprir uma missão. O reconhecimento os alimenta mais. Seguindo a linha de Maquiavel, as lideranças do Bope elogiam seus comandados diariamente. E raramente os corrigem, no entanto, quando o fazem, sempre é em particular e em ocasiões mais isoladas.

Nesses cenários, tanto no caso da expedição de líderes à ilha quanto da gestão de pessoas no Bope, pode-se afirmar sem medo de reações negativas que desligamentos e demissões são atos que dificilmente surgem do nada na vida de um profissional. Na maior parte das vezes, é ele que se demite psicologicamente.

O ato de um empregador convidar um profissional a encerrar a relação contratual muitas vezes acontece depois que se nota no demitido a perda de aderência à estratégia, que prevalece a desmotivação. Mesmo quando a redução de despesas se impõe, são normalmente escolhidos os profissionais que já se demitiram no comportamento e cuja curva de desempenho se encontra em linha descendente. O fato é que somos responsáveis pela nossa carreira, somos a nossa empresa, e quando perdemos o emprego, perdemos um cliente.

Tanto o líder do Bope quanto o executivo sabem que a gestão de pessoas passa por cinco pontos cruciais:

1 - Ouvir as pessoas individualmente e em equipe;
2 - Conectar-se de forma verdadeira, olhos nos olhos;
3 - Nunca, jamais e em tempo algum conversar com um membro da sua equipe enquanto este consulta o celular ou está distraído de alguma forma;
4 - Ser bom em se relacionar não é apenas tomar um chope no fim do dia, é saber conviver com profissionalismo, inclusive na hora de dizer "não". O "sim" é sempre muito mais fácil;
5 - Gerir pessoas é lembrar que elas erram. E jamais esquecer que você também é uma delas.

Se pudéssemos acrescentar apenas mais um item, seria algo bem curto, apenas duas palavras: amamos gente! Duas palavras fundamentais para o conteúdo do próximo capítulo, voltado à liderança.

☠ ☠ ☠

Quatro

LIDERANÇA: NADA SERÁ COMO ANTES

*A liderança é uma poderosa combinação de estratégia e caráter;
mas se tivermos de abrir mão de um dos dois,
que seja da estratégia.*

General Norman Schwarzkopf

O tema liderança não é novo, seja na literatura especializada ou no dia a dia das empresas. Muito se teoriza sobre liderança e se tenta colocar em prática, tanto na prospecção de novos líderes quanto em sua formação. E podemos listar aqui, facilmente, diversos tipos de líderes, muitos deles provavelmente conhecidos do leitor. O líder que impõe absolutamente tudo e espera que façam o que ele pretende; o líder que peca pela permissividade excessiva, ouvindo demais, agindo "de menos" e perdendo proatividade; o líder autocrático, que vê a construção do próprio mito como um objetivo maior até do que os da empresa; o centralizador, que excede no controle, não delega e acompanha os passos de cada liderado; e o líder que se limita a técnicas motivacionais da própria empresa, percebidas pelos liderados como artifícios para aumento na produtividade a curtíssimo prazo.

A liderança que abordamos aqui não se enquadra em nenhuma dessas classificações. Nosso ponto de partida está na frase que usamos como epígrafe deste capítulo, proferida pelo general Norman Schwarzkopf, comandante da operação Tempestade no Deserto. Esse oficial, morto em 2012, esteve à frente de quinhentos mil combatentes (entre americanos, sauditas e kuwaitianos) nas batalhas que libertaram o Kuwait do jugo do ditador iraquiano Saddam Hussein em 1991. Quando ele partiu, pessoas de todas as nacionalidades reverenciaram sua memória. Todos concordavam em um ponto: Schwarzkopf não se rendera jamais a nada e, cumprida a sua missão, prosseguira a sua vida com simplicidade.

Quando um líder militar admite que a estratégia fica em segundo lugar diante do atributo "caráter", precisamos todos tentar entender o porquê. Não é apenas uma frase de efeito, já que isso não fazia o perfil de Schwarzkopf, ou mesmo busca de fama ou fortuna, pois ele já alcançara um alto patamar.

Como militares, nós, autores deste livro, não poderíamos deixar de citá-lo. Afinal, no capítulo anterior, defendemos que, na passagem da era industrial para a era do conhecimento, pessoas deixaram de ser contabilizadas como "recursos humanos" e se tornam gente. Líderes também são gente, não podem renegar sua própria humanidade.

A liderança moderna traz uma palavra mágica: simplicidade. O novo líder é capaz de traduzir a seus liderados, de uma forma simples, todas as premissas estratégicas da empresa. Ele não cria um ambiente de extrema complexidade, evitando assim que o tenham como um deus intocável. E por que não queremos um deus intocável como líder? Vamos recorrer ao artigo "Liderança e espiritualidade", de Carmen Migueles. Nele, que reputamos como leitura fundamental, a autora discorre sobre a liderança como um atributo que ajuda na construção de um futuro melhor, e não como mero elemento condutor de políticas ou estratégias da empresa. Em certo momento, a autora nos apresenta o dilema em que um gerente recebe do "chão de fábrica" uma solução simples para uma questão da produtividade da empresa. Porém, o líder é distante e onipotente. A conclusão é que o modelo gerencial emperra os mecanismos de inovação.

O que também falta a esse gerente distante citado por Carmen? Flexibilidade. O modelo extremamente hierarquizado da era industrial tornou-se obsoleto, substituído, no entanto, pelo cenário volátil da era do conhecimento. Se há possibilidade de liderança compartilhada, por outro lado demandamos flexibilidade em um líder que se adapta a mudanças de ambiente externo e interno e mantém o foco nas missões da empresa.

Para que as duas características citadas, simplicidade e flexibilidade, possam funcionar com a máxima eficácia, deve-se incluir uma terceira característica: disponibilidade. Não há mais espaço para o líder que fica trancado em uma sala.

Ele precisa estar disponível e saber que 80% de seu tempo de ser voltado para suas equipes, a fim de fazê-las render bem. E os 20% restantes são para a revisão do planejamento, o acompanhamento dos indicadores e da aderência à estratégia etc. O novo líder não tem mais sala, sua mesa é compartilhada, não há mais divisórias, pois ele precisa estar no meio do processo. Querer que alguém isolado numa sala seja um líder é como comprar um terreno, selecionar algumas sementes, não plantá-las, mas exigir a colheita.

Abordamos esse tema com a tranquilidade de quem aplica isso aos próprios negócios. Não existem paredes separando os diversos níveis de execução em nossas empresas. Trata-se de outra característica do líder, a coerência. Do mesmo jeito que nosso argumento perderia força se nossa empresa não seguisse os preceitos deste livro, um líder tem de seguir uma linha de coerência, para ser percebido como um elemento de coalizão do time, ainda que atento ao dia a dia dos negócios. A coerência conquista a confiança.

De volta ao artigo de Carmen Migueles, destacamos um fator essencial: quem pretende ser líder deve saber que o aprendizado é continuado, tanto o dele quanto o das equipes. O texto traz reflexões profundas sobre essa questão, obrigando-nos a constatar que não há um líder pronto, ideal. É algo inerente a ele, que gera um comportamento particular para o qual não há métricas que o definam.

Deve ser dotado de grande capacidade de se doar em tudo o que faz. Mas atenção: essa pessoa não é necessariamente um líder carismático, empoderado, autocrático. Ele traz, na verdade, a proposta da liderança compartilhada, em colegiado, e cada integrante da equipe a exerce de uma forma. Esse mosaico, esse quebra-cabeça da liderança compartilhada é a nossa grande reflexão. Ela permite que os negócios no futuro tenham maior lastro na distribuição de tarefas, resultados e premiações do que na busca do messias. É um tanto audacioso tentar encontrar uma definição, no entanto poderíamos dizer que o futuro comporta uma liderança compartilhada na qual a energia vital contagia a equipe de forma positiva e é calcada em valores intangíveis: confiança, honestidade, transparência.

O caso trazido por Nunes, ocorrido no início de sua carreira, espelha essas características. De forma intuitiva, as equipes táticas do Bope eram impregnadas de liderança compartilhada, a distância do poder – como vimos no capítulo anterior, em que lembramos o holandês Geert Hofstede – era a menor possível, o que pode ter salvado a vida do nosso coautor. Graças a um tipo de liderança típico do Bope, a liderança situacional, e sempre muito incentivado pelo nosso oficial, é que se pode ver no batalhão a liderança compartilhada. Como exercê-la numa instituição militar hierarquizada? A liderança situacional é aquela capaz de contornar crises, administrar conflitos, mudanças e situações adversas. Muda de acordo com a situação apresentada e se adapta ao momento.

Nunes foi designado para comandar uma equipe do Bope que verificaria uma denúncia de tráfico de drogas em um bairro da Zona Norte. A rua dava acesso a um morro onde estavam traficantes armados. Quando o Bope chegou, houve um rápido confronto até que os policiais encontrassem uma forma de chegar a alguma esquina. Os tiros se intensificaram. Nunes então se posicionou próximo a um ponto que serviria como abrigo, e começou a responder aos tiros para proteger o restante da tropa. Um a um, todos entraram no novo abrigo, apesar dos criminosos que atiravam estarem perigosamente próximos.

Enquanto o último dos policiais entrava no abrigo, Nunes sentiu um impacto muito forte no braço esquerdo e caiu, dizendo depois de uns segundos: "Fui baleado". Ele, porém, disse isso com naturalidade e toda a tranquilidade possível. Um sargento ao seu lado ainda completaria: "Eu também fui".

O Bope é um bom caso de liderança a estudar por causa dessas situações: que líderes que você conhece interagiriam com suas equipes depois de atingidos por um tiro de fuzil calibre 556 em um dos braços? E, ao ver como o caso se desenrola, pense em qual organização seria possível adotar medidas imediatas, de acordo com a situação: ferido, Nunes pediu para o tirarem do local e o levarem, juntamente com o sargento ferido, ao Hospital Central da PM. Antes disso, chamou outro sargento, que não fora baleado, e deu várias orientações. Informou que ele mesmo falaria com o comandante do Bope para que a operação prosseguisse. E, por fim, colocou a mão no ombro do sargento e, apertando fortemente, "passou o bastão": "Agora tá contigo".

Com muita dor, Nunes foi levado ao hospital e continuou acompanhando a operação. Ouvia as ordens do novo líder, o sargento, e não as questionava, pois havia compartilhado a liderança com ele. Era uma liderança situacional. O sargento líder se mostrava plenamente preparado, decorrência das mudanças de contexto e cenário frequentes nas ações do Bope. A instabilidade é a regra. E mais, no Bope, comandar é estar junto. Não há a figura do comandante isolado em uma sala. Há, claro, a liderança formal, hierárquica, e a liderança informal, situacional. Elas se completam, sem haver conflitos por isso.

Quando o líder formal reconhece seu limite, como no caso em questão, demonstra segurança e maturidade profissional. Ele mostra que é maduro para identificar aqueles que têm condições de o sucederem, ainda que em uma situação específica. Líderes dão direções. Vamos lembrar do clássico de Lewis Carroll, *Alice no País das Maravilhas*. A personagem encontra um gato em uma encruzilhada e pergunta para onde os caminhos a levariam. O gato responde, tal e qual esfinge: "Depende! Para onde você quer ir?". Alice diz: "Não sei". Ao que o felino completa: "Se não sabe, qualquer caminho serve". Como diz Sêneca, "não há vento favorável para quem navega sem direção".

Muitos anos depois de ser atingido pelo tiro de fuzil, já com uma placa e dois pinos no cotovelo esquerdo e a recusa em exercer o direito de se aposentar, Nunes se tornou subcomandante do Bope. Como tenente-coronel, mantinha a proximidade com a tropa o suficiente para entender seus gatilhos motivacionais, o que agregava valor ao relacionamento, e também para mostrar que se lida, acima de tudo, com pessoas. Foi então que um pequeno caso o sensibilizou.

    A sede do batalhão, no alto do bairro de Laranjeiras, Zona Sul do Rio, passava por uma série de obras e demolições. Um dos últimos andares estava degradado e sem uso havia anos, e foi decidido revitalizar o espaço. A quebra de todas as paredes, todavia, gerou quilos e quilos de entulho a ser removido. O prazo era curto, por isso foi necessário pedir aos policiais que fizessem a remoção. O oficial entendeu que isso daria a eles uma sensação de pertencimento, afinal era a casa deles. Apesar disso, refletiu e tomou uma decisão. Alguns minutos depois que os policiais começaram o trabalho, ele pegou uma pá, uma enxada, trocou de roupa e se juntou aos "operários-caveiras".

    Seus policiais o observaram, entre admirados e agradecidos. A maioria sentia gratidão pela lição. Comentaram depois entre eles que aprenderam como proceder nesses casos, que deveriam estar com os comandados, sem muros ou salas fechadas. E, no calor da obra, uns comentaram com os outros, "olha aí, o coronel está metendo a mão na massa". Uma sinergia se estabeleceu naturalmente, e o trabalho fluiu com mais velocidade e intensidade. A atitude do oficial foi absolutamente certa, no momento certo e com as pessoas certas.

    Por que a atitude dele no canteiro de obras e a passagem de bastão anos antes no ambiente de batalha têm semelhanças? No canteiro, ele ajudou. Na batalha, foi ajudado. Nas duas situações, a liderança valida, é legitimada, compartilhada e cria um ambiente de confiança que, por sua vez, gera obrigações mútuas. Nas duas situações, o oficial compartilhou valores, o de dividir sua liderança no momento exato e o de estar ao lado de seus liderados em um momento de necessidade.

    Pimentel viu esse valor em um episódio vivido quando era chefe de segurança de um banco multinacional. No Rio de Janeiro, a diretoria executiva localizara um *gap* exatamente na seção de recuperação de créditos, com espaço para melhorar muito e fechar bem as contas. O superintendente do setor se dirigiu às agências pedindo foco nas ações. A maioria dos gerentes, porém, era partidária da cultura na qual se ausentar do serviço para visitar clientes era atitude temerária.

    O que fez Pimentel? Reuniu-os e pediu deles a seguinte informação: onde a dívida era mais difícil de recuperar, seja pelo montante, perfil da empresa ou perfil socioeconômico da região? Qual era a missão mais dura? Houve quase unanimidade em afirmar que a pior missão era a de cobrar uma empresa de transportes na Pavuna, bairro da Zona Norte do Rio. O superintendente respondeu:

– Eu assumo esse crédito. Vocês podem tentar os outros?

E foi assim que, em uma tarde de dia útil, o importante superintendente de um banco multinacional foi parar no bairro pobre da Pavuna para renegociar a dívida de uma empresa de tamanho médio. Semanas depois, Pimentel conheceu o presidente do banco, que confirmou a diretriz: o gerente precisa sair da agência duas vezes por semana para visitar clientes. Sair da zona de conforto, abandonar o telefone e o e-mail e ir às ruas. E isso não ocorria porque os gerentes acreditavam que deixar de atender pelo telefone causaria um trauma.

Nas três situações descritas, os nossos amigos do Bope estavam em ambientes de grande energia vital. Como sabemos, a energia se propaga, persevera, prossegue, é compartilhada, se transforma, mas não morre. Foi com uma grande energia vital que Gurgel se deparou também com duas situações, assim como Nunes, separadas por um grande espaço de tempo. Uma amiga lhe pediu para ajudar uma instituição religiosa que demandava contribuições intelectuais na questão organizacional. E, em uma noite de sexta-feira, ele, acompanhado da amiga, foi recebido pelo líder da instituição, que chamaremos de Pedro.

Pedro recebeu o Gurgel e a amiga na entrada da instituição com um enorme sorriso. No local, o executivo e a amiga encontraram instalações muito modestas, quase uma choupana. O chão não tinha placa de piso, era um terreno cimentado. Gurgel chegou a lembrar de um trecho da música "Gente humilde", de Chico Buarque: "Pela varanda, flores tristes e baldias/Como a alegria/Que não tem onde encostar".

Ele buscou conhecer mais sobre Pedro e sua história. Era um homem de meia-idade, carpinteiro e não concluíra o ensino fundamental. Enquanto contava sua história, dezenas de pessoas que passavam interrompiam a conversa apenas para lhe dar um beijo, um abraço, cumprimentá-lo, numa fraternidade contagiante. Terminada a narrativa, que deixou Gurgel muito impressionado, foi marcada a reunião na qual delineariam um plano para a instituição.

Gurgel pensou que seu espanto se resumiria àquele primeiro encontro, mas estava enganado. No dia marcado, Pedro explicou de forma sucinta o que ele queria:

– Não gostaria de perder a essência da nossa missão, que é contribuir com as pessoas e com a sociedade em geral. Ter a porta sempre aberta para receber os necessitados. Trocar status, poder e reconhecimento individual pela realização, por uma legítima contribuição para as pessoas.

    Pedro na verdade queria, em sua ausência, que outras pessoas contribuíssem para a instituição sem mudar os valores em que todos ali acreditavam. Como ele mesmo resumiu, gostaria de manter a essência. O executivo estava diante de uma pessoa simples, que não completara o ensino fundamental, mas que tinha preocupações profundas. Gurgel conhecera outros líderes com muito mais conhecimento das questões de gestão e liderança que jamais foram tão sucintos e verdadeiros.

    A instituição funcionava havia pouco mais de um ano. O executivo começou a exercitar com Pedro os conceitos da gestão moderna, buscando trazer simplicidade para a execução das primeiras ações. Explicou a Pedro sobre três ou quatro atitudes a serem tomadas para a liderança se desdobrar nos objetivos que ele queria e beneficiar a instituição. A primeira foi fazer Pedro criar uma frequência de conversas entre o líder principal e os escolhidos para serem multiplicadores dos conceitos. Era importante que, por trás deles, houvesse liderança. Para incorporá-la oficialmente, essas pessoas seriam chamadas de "líderes multiplicadores".

    Devidamente identificados, Pedro ficou com a tarefa de traduzir a essência para transmiti-la às demais pessoas. Uma vez definida a mensagem, as outras questões seriam mais fáceis. O que importava era preparar os líderes multiplicadores e acompanhá-los no processo de comunicação. E claro que a mensagem foi puramente construída por Pedro, uma vez que Gurgel tem como regra preservar a intimidade de cada organização.

    Depois da implementação dessas etapas, realizaram outras ações organizacionais, verificaram os processos e Gurgel deu por concluída sua participação. Não houve remuneração ou vínculo contratual e, portanto, nenhum acompanhamento de resultado.

    Cerca de dez anos depois, o telefone de Gurgel tocou. Era Pedro, que o convidava a fazer uma visita à instituição. Houve, claro, um susto. Além do grande tempo sem falar com ele, Gurgel ainda ouviu o convite para ministrar um treinamento de liderança e trabalho em equipe dentro da instituição religiosa. Pedro, um carpinteiro que não tinha o ensino fundamental, falava com o executivo com a *expertise* de um gerente de uma grande corporação. "Gostaria que você viesse aqui para visitar nosso cantinho e ver que aquelas ideias iniciais trouxeram bons resultados." Gurgel se recuperou do susto e foi até lá ministrar o treinamento no que pensava ser ainda a humilde choupana. Apesar do endereço ser o mesmo, contudo, ele não identificou a instituição. Em vez da construção simples de piso cimentado, ele encontrou um prédio de três andares. Gurgel hesitou, conferiu se errou a rua ou o número, mas estava tudo certo. Era ali mesmo, tanto que foi Pedro quem lhe abriu a porta, com o rosto marcado pelos dez anos, mas o sorriso largo intacto.

A visita às instalações levou muito mais tempo. O espaço se tornara grande, com mais gente, porém permanecia simples. Os móveis padronizados, sem nenhuma ostentação, e as salas devidamente identificadas. A acessibilidade era total para pessoas com deficiência. As rotas de fuga para incêndios e demais emergências estavam sinalizadas, os equipamentos de segurança disponíveis e à mão.

Gurgel não titubeou, começou a conversa com Pedro pedindo para receber um treinamento de liderança e trabalho em equipe ao invés de ministrá-lo. Pedro, com o jeito sereno de sempre, respondeu:

– Não, Gurgel. Nós agora precisamos preparar os novos líderes multiplicadores, sucessores daqueles que criamos lá na essência. São muito mais agora. E quero contar com sua ajuda.

Gurgel ficou extremamente sensibilizado. Naquele dia, acompanhou os trabalhos públicos da instituição e constatou, impressionado, como os processos eram bem coordenados em todos os níveis e como a casa era muito mais frequentada em comparação com o que vira anteriormente.

E sobre a missão nessa segunda visita? A grande preocupação era repetir a primeira visão de Pedro: como não perder a essência da mensagem, mantê-la viva nas diversas gerações de líderes multiplicadores, trazendo-lhes o conceito da energia vital, da liderança e espiritualidade e da liderança compartilhada, da distribuição de responsabilidades e do comprometimento de todos com os resultados. O líder moderno tem as preocupações certas nos momentos certos. Se tudo na instituição religiosa deu certo foi porque Pedro as manteve, no tempo certo e com as pessoas certas. Permaneceu o grau de coesão interna entre os grupos com a preservação da essência. E, diga-se, não é um caso comum, pois o sucesso de uma instituição como aquela depende da mobilização voluntária. A competição, se pudermos chamar assim, é enorme porque não faltam locais com mensagens religiosas. Encontramos um a cada esquina.

A surpresa de Gurgel foi perceber o quanto Pedro, com a preocupação de distribuir a liderança, de formar multiplicadores e não de se endeusar, promoveu, em um espaço de tempo relativamente curto, uma ampliação da estrutura para levar a essência da mensagem. E a nova preocupação dele era formar a "terceira onda". Tanto Pedro quanto Nunes são líderes pelo exemplo de que a missão deve ser maior do que o indivíduo. São casos em que prospera o compartilhamento do conhecimento e da liderança com espírito liberto, como no mito da espada do Rei Arthur, no qual apenas aquele com o coração puro seria capaz de tirar da pedra a espada que guerreiros mais fortes não conseguiram.

Para nós, o líder é responsável por entender as premissas, contribuir na elaboração da estratégia e garantir sua aderência, compartilhar objetivos, elaborar metas exequíveis e definir indicadores para o acompanhamento da execução de forma clara e disseminada. Quando falamos em "metas exequíveis", nos referimos à matriz de metas *Specific*, *Measurable*, *Attainable*, *Relevant*, *Time based* (SMART), ou seja, específicas, mensuráveis, atingíveis, relevantes e temporais.

Definidas as responsabilidades do líder, o que recomendamos? Sendo diretos:

1 - Equilíbrio na atuação com os times, principalmente na distribuição das metas (SMART) e definição dos indicadores;
2 - Escutar mais: é mais importante ouvir seus times do que falar;
3 - Ser sincero: é o atributo que permitirá criar laços profissionais verdadeiros, que é um ativo intangível;
4 - Cultivar a resiliência: essa é a capacidade de resistir, se reformular e retomar os objetivos originais independentemente dos cenários adversos.

O líder da era do conhecimento é o coração de um corpo que é todo coração.

Cinco

MARKETING: A CAIXA DA CAIXA DE PANDORA

A meta do marketing é conhecer e compreender o consumidor tão bem que o produto ou serviço se molde a ele e se venda sozinho.

Peter Drucker

☠

Em um dos filmes da série *Tomb Raider*, protagonizado pela heroína de videogames Lara Croft, interpretada pela atriz Angelina Jolie, é reeditado o instigante conceito mitológico da caixa de Pandora – a caixa que, segundo a mitologia grega, era um jarro que guardava todos os males do mundo. Pela lenda, Pandora, a primeira mulher criada por Zeus, não conteve a curiosidade e abriu o jarro, libertando todos os males, porém deixando a esperança. A caixa de Lara Croft amplia o conceito para todo o universo e estabelece uma quantidade infinita de senhas a serem desvendadas para acessar seu conteúdo. Se para a mulher criada por Zeus bastava a curiosidade para que a caixa fosse aberta, no caso de Lara Croft apenas a soma de conhecimentos e senhas tornaria a tarefa possível. Nosso caso é a soma dos dois personagens, o mitológico e o hollywoodiano. Precisamos de curiosidade e conhecimento.

Não é nossa pretensão encapsular a discussão sobre um tema tão vasto ao longo de poucos parágrafos, no entanto é preciso dar relevância à sua complexidade. A missão é desvendar o conjunto de códigos para se acessar o consumidor e entender como ele reage a fim de atender às suas expectativas.

Pensar em marketing é falar de comportamento, discutir antropologia, sociologia, filosofia, psicologia, economia e tantas outras ciências que de alguma forma se inter-relacionam. Do que o marketing trata? Sua abrangência se estende desde o próprio planejamento estratégico da empresa até a entrega de valor percebido. Não há estratégia que, em suas premissas, não inclua os pontos fundamentais do marketing. Quando desenvolvemos a estratégia da empresa e nela incluímos a conceituação do marketing, passamos a pensar no ciclo de vida de produtos e/ou serviços, ou seja, entramos no terreno da conhecida Matriz BCG. Os iniciados sabem: é uma análise gráfica desenvolvida pela consultoria empresarial americana Boston Consulting Group em 1970, que permite ao gestor visualizar os setores aos quais destinará mais recursos e em que momentos.

Analisando a taxa de crescimento do mercado e a respectiva participação do produto ou serviço, o gestor pode situá-lo e avaliar suas diretrizes estratégicas em seus quatro quadrantes – em questionamento, estrela, vaca leiteira e abacaxi. Situamos o trabalho, a marca da empresa e de seus produtos e serviços numa linha do tempo e assumimos o controle das decisões. Acima de tudo, todavia, é fundamental que todas as áreas da empresa tenham aderência não só à estratégia, como também ao marketing da estratégia.

O engenheiro David Packard, cofundador da HP ao lado de Bill Hewlett, certa vez disse: "O marketing é importante demais para o deixarmos a cargo apenas do departamento de marketing". Packard acertou no alvo: em torno do marketing, orbitam temas como a marca, o *branding*, ou seja, a gestão dessa marca, a reputação, a capacidade de vendas e o valor da experiência, algo que no século passado apresentava um determinado impacto que hoje, na era do conhecimento e da informação, é muito maior. Se pegarmos a Coca-Cola como exemplo, a maior empresa de refrigerantes do mundo, perceberemos que seu *core business*, ou o foco do negócio, é a gestão da marca. No começo, ninguém seria capaz de prever que um dia a Coca-Cola investiria mais na marca do que na produção, o que de fato aconteceu. O valor intangível da marca se tornou fundamental.

Uma prova do quanto ela investe nisso: durante a Copa do Mundo FIFA de 2014 no Brasil, a empresa, como patrocinadora, montou um centro de operações onde eram mapeadas todas as menções à marca em mídia social e tradicional em tempo real. A conectividade com o público era total, e o objetivo era responder rapidamente, no menor tempo possível. No momento em que a empresa se associou ao evento mais importante para a população brasileira e para o mundo, era de extrema importância investir em monitoramento e capacidade de resposta, uma vez que a reputação duramente construída pode ser destruída com um sopro.

Como preparamos a mensagem de uma empresa, seu posicionamento e suas ações? O que é importante tratar para posicioná-la ou reposicioná-la? Segue um checklist dessa comunicação:

1 - Analisar o diagnóstico mais atualizado possível;
2 - Abordar os atributos corporativos;
3 - Listar os diferenciais competitivos;
4 - Analisar a concorrência;
5 - Descobrir os fatores críticos de sucesso.

Em seguida, é o momento de escolher os principais indicadores para o monitoramento dos canais de venda. Esse processo de retroalimentação permite ao gestor observar as oportunidades, preparar planos de ação anuais e bianuais e revalidar os processos organizacionais, dos quais falaremos no próximo capítulo.

Algumas perguntas: que atributo tem aquela corporação, e não apenas o respectivo produto ou serviço, que possa causar um impacto positivo em sua atuação de mercado? Qual a sua experiência e a de seus executivos? Qual o grau de relacionamento desses executivos com o mercado, o quanto eles o conhecem e como desenharam o portfólio de soluções? Aqui falamos de produtos e/ou serviços e de como os diferenciais competitivos estão registrados nesse portfólio para que o valor entregue seja reconhecido como maior do que o dos competidores. A que podemos estar nos referindo quando falamos desse valor? Sua sensibilidade vai apontar: pode ser a flexibilidade, a capacidade ou a velocidade de resposta, as ações de marketing, enfim, uma série de itens. Não se deve esquecer, ao analisar a concorrência, de que é essencial entender a localização do produto, a geografia de atuação e o posicionamento dele em função do perfil dos clientes. Assim podemos atender ao enunciado de Drucker e chegar a um portfólio que se desenha em torno do nosso consumidor.

Um caso muito claro em que esse trabalho está presente é o do famoso reposicionamento das Havaianas. Entre 1988 e 1993, ocorreu uma queda forte nas vendas das sandálias, e muitas pesquisas foram realizadas até entender-se o portfólio e a proposta de valor do produto: bom, barato, sanava uma demanda e era voltado ao consumidor de baixa renda, cujo comportamento era o de evitar novas compras num período bem mais extenso do que o da classe média. A então detentora da marca começou a focar o consumidor de classe média, com crescimento sustentável, criando um novo portfólio, com modelos de uma só cor, elevando atributos como beleza e tendência. O calçado que estava na esfera de produtos básicos, necessários, tornou-se um item de moda. As Havaianas começaram a ser comercializadas a partir de um único modelo com três opções de cores e, em

1994, surgiram quarenta modelos em dez cores, ou nada menos que quatrocentas opções. A marca foi reposicionada em definitivo e se tornou sinônimo de sandália para diferentes ocasiões.

  Posicionar corretamente a sua estrutura para as oportunidades de negócios é identificar os fatores críticos de sucesso, ou seja, entender o que você deveria estar fazendo e não está e vice-versa. Também é tarefa entender como você vai se comunicar com o público interno e externo, seja para atingir o consumidor via propaganda, seja para marcar posição institucional que se dissemine pela empresa e atinja todos os *stakeholders*, inclusive quem cuida da sua comunicação. Parece apenas um detalhe, mas não é.

  A comunicação da sua empresa precisa homogeneizar a forma com que seu produto é percebido, tanto pelo público externo quanto pelos seus colaboradores de todos os setores. Se o Bope acentua que sua missão final é a paz, esse conceito deve estar incorporado por seus integrantes e também disseminado por sua estrutura de comunicação. A percepção do Bope como uma força que se destina a trazer tranquilidade para a população do Rio de Janeiro exige fortes alicerces, o que será possível apenas se sua comunicação for muito clara. Situações conjunturais não podem mudar essa missão, mesmo que o Rio entre hipoteticamente em guerra declarada. Acima de tudo, o Bope quer e precisa ser percebido como uma força íntegra na busca da paz e ser assim tratado pelos gestores públicos para poder oferecer serviços de alta qualidade. O Bope precisa entregar, todavia tem também de vender.

  Essa ressalva nos lembra um caso do qual Gurgel participou. Uma empresa do setor de serviços, com mais de vinte anos de mercado, apresentou um crescimento estabilizado depois de cinco anos de balanços favoráveis. A indesejada freada alertou os executivos para a necessidade de uma consultoria externa.

  Gurgel analisou a documentação, entrevistou os sócios e verificou os balanços. Percebeu que o crescimento da empresa ao longo de toda sua história se devia à atuação quase individual de um dos sócios. O sócio responsável pelo departamento de vendas era o único vendedor da corporação inteira. Por uma série de motivos, alguns deles de ordem pessoal, o desempenho desse sócio fora prejudicado, comprometendo as vendas. Quando ele optou por um afastamento mais longo, o crescimento evaporou.

  Gurgel decidiu então que era urgente fazer um reposicionamento interno do modelo de atuação da empresa para sustentar seu relacionamento com o mercado e, claro, manter o crescimento dos indicadores de negócios. Ele empreendeu entrevistas com todas as áreas responsáveis pela entrega dos serviços. Havia oito áreas temáticas relacionadas, e em nenhuma delas percebeu-se a menor preocupação com o *backlog*, ou seja, com a quantidade de negócios fechados e os respectivos prazos de execução. E isto parecia óbvio: se seu *backlog* diminui, daqui a pouco faltará serviço. Como líder de área, manter seu *backlog* é uma preocupação constante, permanente.

O problema, contudo, não se resumia aos líderes conhecerem ou não seus *backlogs*. No período de trinta dias anteriores à chegada de Gurgel, nenhum deles havia feito uma visita sequer a um cliente. As áreas de produção não se relacionavam com os clientes. O diagnóstico era muito claro: a empresa não engajava todas as áreas na ocupação estratégica de espaços e não se preparou para ser uma empresa vendedora, era apenas entregadora. Entregava bons serviços e produtos, nos prazos, com qualidade e bons preços. Seu time, porém, não era vendedor. O leitor pode achar que a famosa frase de Henry Ford ("Se me restasse somente um dólar, investiria em propaganda") é um lugar-comum. É sim, lugar-comum e inevitável.

Gurgel empenhou-se na transformação da empresa entregadora em vendedora. Iniciou um trabalho intenso de mudança de cultura, com cada líder de área, acrescentando ao rol de atividades diárias deles o foco permanente nas questões do marketing estratégico, além do planejamento de vendas, com ações voltadas à geração de receitas, presença comercial e aderência do portfólio ao que o cliente comprava. Simultaneamente, devia-se garantir a inclusão da nova mentalidade em todas as equipes das oito áreas de serviços. O trabalho durou dezoito meses. Três anos após sua conclusão, a receita triplicou. A empresa se tornou vendedora. E também vencedora, porque entendeu a complementaridade entre saber entregar e saber vender, algo que é a própria essência do marketing. Não era mais dependente de um só vendedor.

Esse alinhamento de entregar e vender era o grande dilema do Bope, desde antes de o coronel Nunes ingressar em seus quadros. No caso, o principal canal de mediação é a grande imprensa, a mídia, para a qual o batalhão se fechava por mero instinto. Ao longo dos anos, o Bope começou a analisar melhor o que entregaria e para quem. Há um horizonte de eventos sequenciais que expressa com clareza a transição de uma equipe que "entrega" para a que "vende".

O Bope, como vimos no início do livro, surgiu em janeiro de 1978, mas por 22 anos se manteve numa "zona de silêncio". A mídia sabia de sua existência, via os homens de farda preta surgirem em situações críticas, extremas, porém, como ressalta Nunes, não havia interação. O Rio de Janeiro em que o Bope nasceu queria sua *expertise* em resgate de reféns. O crescimento do tráfico e da violência, por sua vez, fez o escopo aumentar. Nos anos 1990, a presença dos caveiras em comunidades carentes era cada vez mais constante. Na tarde do Dia dos Namorados de 2000, no entanto, um fato trágico trouxe holofotes indesejáveis para o batalhão: o sequestro do ônibus 174, um veículo de transporte coletivo comum do Rio de Janeiro. O assaltante Sandro do Nascimento, nascido em 1978, coincidentemente o mesmo ano da criação do Bope, invadiu o ônibus armado com um revólver 38 e fez reféns. Horas de tensão e angústia transmitidos para o Brasil inteiro ao vivo desembocaram na triste morte da professora Geisa Firmo Gonçalves, enquanto o Bope tentava o resgate.

O episódio negativo fechou ainda mais os muros do batalhão, embora a imprensa tivesse multiplicado por mil a curiosidade sobre os homens de preto.

O Bope, no entanto, só sabia trabalhar assim, sem interatividade, e apanhava da mídia por isso. Havia intervalos de projeções na mídia e, de um modo geral, o público via a unidade com respeito e reverência, o que não era o suficiente para mover as administrações públicas para investirem mais intensamente no batalhão. Em 2002, no lançamento do filme *Ônibus 174*, documentário do diretor José Padilha sobre a tragédia no Jardim Botânico, o batalhão vivia o dilema de ser uma unidade altamente eficaz, porém de projeção menor. E foi o mesmo José Padilha que lançou, em 2007, *Tropa de elite*, o filme que significou um turning point, ou ponto de ruptura, no sentido de mudança, para o Bope. Uma avalanche de polêmicas, incitada pela mídia, transformou o dia a dia do batalhão. O Brasil se dividiu entre aplaudir ou condenar o capitão Nascimento, personagem que oscilava entre a correção extrema contra a corrupção e as irregularidades, como torturas e execuções extrajudiciais. Nessa época, decidiu-se que era hora de a sociedade ver o Bope como essencial, e para isso eram necessários mais investimentos, equipamentos, armas e policiais treinados. Era hora de expor tudo sem perder o controle.

Cabe aqui uma pausa para contar um caso vivido por Pimentel, roteirista e consultor do filme, que nos lembra o quanto é necessário o marketing ter aderência à estratégia. Pimentel e os demais produtores ouviram dezenas de faixas de áudio sem chegar a um hit definitivo, algo que desse uma cara ao filme e o identificasse. Até que surgiu a música de mesmo nome, do Tihuana, que, como sabemos, "grudou" na cabeça de quem viu os dois filmes. O interessante é que a música não foi feita pensando em nenhuma operação policial. Na verdade, estava em uma fita de demonstração do grupo, do tempo em que eles buscavam espaço em rádios alternativas e gravadoras. Quem era a tal tropa de elite osso duro de roer citada na letra, afinal? O próprio grupo, numa autorreferência bem-humorada.

Pimentel consultou os policiais do Bope sobre músicas de que gostavam, e alguns haviam realmente citado o Tihuana. Ao ouvir a trilha sonora, concluiu que era adequada ao filme. Um dos responsáveis pelo marketing da produtora entendeu que não deveria usar a música por ser de uma banda menos conhecida e com um ritmo que talvez não se enquadrasse bem nas cenas. O fato de os próprios policiais do Bope gostarem pesava muito. E, na visão de Pimentel, a música era totalmente aderente à estratégia do filme, que era mostrar um batalhão destemido, imbatível e incorruptível.

Ele insistiu e, numa tarde de demonstração de músicas, convenceu o diretor José Padilha. O resto é história: a música virou recordista de downloads, o Tihuana passou a receber mais espectadores nos shows e ganhou grande notoriedade. A música se alinhou perfeitamente com o que desejavam que o filme fosse.

E o que o filme acabou se tornando? Bem, voltemos à narrativa sobre a evolução do Bope: a obra de Padilha se tornou um ponto de contato, uma referência, e a imprensa, curiosa por causa do filme, começou a receber imagens de dentro das operações. O próprio Bope começou a produzir informações que interessavam ao seu *branding*. Os seus oficiais entenderam que era hora de decidir como eles queriam aparecer. E as estratégias deram certo. O indicador-chave de desempenho foi absolutamente involuntário: na passeata de Sete de Setembro, ocorrida na Avenida Presidente Vargas, o batalhão foi aplaudido do início ao fim de seu trajeto.

Os oficiais do Bope constataram a necessidade de criar um mix de marketing para o batalhão. Nunes visitou várias instituições, dentre elas a Coca-Cola, buscando *benchmarking*, ou exemplos inspiradores, para incorporar ao Bope, e em pouco tempo o batalhão dava saltos de qualidade em sua comunicação, até mesmo à frente da PM. No mix do Bope era importante alinhar a missão (paz), os valores (honradez, honestidade, sacrifício, abnegação) e a visão (ser a unidade tática urbana mais eficiente do mundo) com a comunicação institucional externa e com a comunicação interna. O Bope passou a entregar mais valor com foco no marketing de setor público, defendido por Philip Kotler: "A meta é a valorização e a satisfação do cidadão", defende o papa do marketing. O Bope "atende" a cada público com a mesma eficiência, seja aquele que foca o resgate de reféns, seja o que mora na favela e não quer os criminosos por perto e, para todos, a diretriz é assegurar a posição desejada na mente dos cidadãos, que são os clientes de fato. Ou seja, entram em cena as Op. Psico (Operações Psicológicas).

As Op. Psico são essencialmente ações de comunicação com: emissor, canal, receptor e feedback. A mensagem do Bope é trabalhada para fazer os receptores tomarem todas as atitudes desejadas. Lembremos Sun Tzu, para quem o melhor é vencer a batalha na véspera, tirando do oponente a vontade de combater. O módulo completo das Op. Psico impressiona pela técnica, eficiência e eficácia: depois da intervenção física, tática e armada, o terreno é tomado por equipes de comunicação estratégica. Elas identificam todas as lideranças formais e informais do local, e agendam uma grande reunião com os oficiais, nas quais os moradores vão conhecer "o rosto" do Bope. Em conjunto, panfletos são atirados de helicópteros com telefones de contato, o que garante o anonimato e o sigilo. Essa ação tem o nome de Tempestade de Informação. A ideia veio das forças americanas, e a missão da ONU no Haiti também usou a técnica na ocupação de Cité Soleil. A preocupação é com a população. Moradores de comunidades receiam serem vistos por criminosos enquanto recebem um panfleto do Bope. Quando se usa um helicóptero, não há risco. A preocupação do Bope com o cidadão é louvável e aumenta sua reputação. Aqui vamos com Kotler de novo: "Pessoas se importam com empresas, que se importam com pessoas".

Na reunião, o Bope não faz exigências, apenas anuncia que sua chegada se dará no âmbito das leis e da ordem. O público aproveita e reivindica, cheio de confiança, luz, gás, água, limpeza urbana, iluminação e empregos. O Bope representa o estado para aqueles cidadãos.

Simultaneamente a essas operações externas, o Bope precisou abrir frentes internas, criar seu endomarketing, ou marketing interno, reforçar pontos de convergência e contato. Aparelhos de televisão com circuito interno foram instalados na sede do batalhão para transmitir as informações sobre legislação, melhores ocorrências, aniversariantes, notícias etc. As mídias sociais do batalhão acompanham esse conteúdo, com a inserção das equipes na Governança Digital do governo do Rio. Com a validação das autoridades, as mídias sociais do Bope se tornaram um *case* impressionante: mais de um milhão de seguidores no Facebook e 360 mil no Instagram (dados de junho de 2017). Assim, o Bope produz a sua própria mensagem, a entrega e a vende.

Os casos que abordamos efetivamente não são um aprofundamento das questões contemporâneas do marketing, e sim guias práticos para auxiliar os gestores. Procuramos deixar claro que um bom plano passa por:

1 - Ouvir o seu cliente/consumidor com intensidade, dar-lhe atenção, entender o que ele quer;

2 - Entender o seu cliente, pois dessa forma o produto vai se moldar às necessidades, e você talvez não precise vender, já que o cliente compraria sem exigir maiores argumentações. Teremos de ser repetitivos e dizer mais uma vez que o cliente precisa ser ouvido, assim como aconteceu no caso daquele comprador dos serviços da empresa atendida por Gurgel e dos cidadãos que esperavam a eficiência e eficácia do Bope, comandado por oficiais como Nunes;
3 - Adequar o portfólio de produtos e serviços principalmente com a respectiva segmentação de mercado;
4 - Transformar sua empresa em vendedora e, em consequência, vencedora. Lembre-se sempre de que o marketing é a premissa da estratégia;
5 - Apresentar uma comunicação simples e transparente;
6 - Tornar a comunicação sustentável. Prometer o que se pode entregar. Entregar mais do que se prometeu é interessante, mas menos é inadmissível.

A caixa de Pandora está aberta. E veja que bom, não há maldades, só verdades que nos ajudam.

Segunda parte

EXECUTANDO A MISSÃO

Seis

ESTRUTURAS, PROCESSOS ORGANIZACIONAIS E CERTIFICAÇÕES: A GENÉTICA DAS EMPRESAS

Mude o modo como você olha para as coisas e as coisas que você olha mudarão.
Wayne Dyer

Essa frase do grande escritor e psicoterapeuta americano Wayne Dyer (1940-2015) marca o início da segunda parte do livro. E há muita razão de ser.

Quando se fala em estrutura e processos organizacionais, uma matéria dos cursos de graduação e pós em administração, é comum pensar em mudanças e quebras de paradigma. Muito do que debateremos neste capítulo tem a ver com o olhar apurado e, principalmente e novamente, com total aderência à estratégia. Ao mencionarmos a palavra "estrutura", estamos nos referindo às estruturas formais organizacionais de organograma, de distribuição da gestão pelos ativos, seja numa microempresa onde tudo acontece num espaço de 15 metros quadrados, seja numa empresa global com centros de negócios espalhados por todos os continentes.

Enxergamos estruturas verticalizadas nas empresas grandes, por exemplo, com um conselho de administração, o CEO a ele se reportando, um CFO responsável por todo o acompanhamento financeiro, um Chief Operational Officer (COO), ou chefe de operações, outro de tecnologia, o de marketing e tudo o mais. São evidentemente verticalizadas com origem nas estruturas hierárquicas seculares, assim como as militares. Nelas, a cadeia de comando começava com o principal oficial, um general, que se reportava a um rei, imperador, ditador ou mesmo a uma estrutura democrática, como um parlamento, para defender o território. O que salta aos olhos? O fato de essa estrutura ser formal, hierarquizada e com pouca flexibilidade. Esse engessamento foi progressivamente extinto nas empresas. A lógica capitalista prevalece, ou seja, as empresas buscam a geração cada vez maior de riqueza, e a estrutura organizacional deve servir para otimizar essa busca. O processo de desconstrução é notório, basta constatar o progressivo achatamento dos níveis hierárquicos, a diminuição radical da distância dos tomadores de decisão – a anteriormente discutida "distância do poder". Em nossas respectivas atividades, procuramos distribuir a responsabilidade pela tomada de decisão, saindo do modelo de decisão unilateral para o modelo multilateral e em colegiado. Mais à frente, veremos casos em que tal fórmula, aplicada ao Bope, salva vidas.

Mas vamos com calma! Façamos uma pausa para advertência: é claro que em algumas estruturas preexistentes, geradoras de cultura, o impacto das disciplinas ditas sociais é enorme. A forma como essas estruturas se sedimentam e são impactadas pelas mudança está relacionada a áreas de estudo da antropologia e sociologia, que nos mostram como as pessoas vão instintivamente se ajustando e até mesmo se acomodando. Por tudo isso, é geralmente muito mais difícil desmontar o modelo tradicional consolidado do que começar um novo business, de vanguarda, com cara de século XXI, focado em gestão do conhecimento, Big Data, conexão e com horários flexíveis para trabalho, comandado por grupos com decisões compartilhadas. Quando fazemos essa pausa, digamos, "para respirar e inspirar", é para lembrar mais uma vez – sim, é importante – que este livro não pretende definir ou redefinir conceitos. Nossa proposta é focada em provocar discussões, despertar curiosidades, promover a reflexão dos temas por aquele gestor geral, pelo gestor de pequena, média e grande empresa, pelo acionista ou empresário que, às vezes, no dia a dia, deixa passar uma série de temas intrínseca à gestão. A nossa ideia é despertar o olhar para um modelo mais adequado à realidade.

Já sabemos que uma estrutura organizacional deve ser desenhada com total aderência à estratégia e aos objetivos da empresa. Por isso, muitos especialistas defendem hoje, com razão, que não há um modelo de estrutura organizacional que toda empresa deva implantar cegamente. Como se diz por aí, ninguém é perfeito. Diante disso, não há uma estrutura perfeita, e sim uma mais adequada às atividades e estratégias da organização. Em uma boa estrutura, o fluxo de informação é para cima, para baixo e para os lados; as equipes são multidisciplinares e focadas na inovação; a descentralização é uma meta constante.

É importante ressaltar que o desenvolvimento da estrutura (e de uma parte dos processos) passa pelo layout das instalações físicas onde será aplicado o organograma. É o momento de manter a visão da estratégia e definir a distribuição de tarefas e ações, pouco importando o porte do negócio, se de poucos metros quadrados ou uma grande multinacional. O que define não é o tamanho do negócio, e sim seu perfil. Há diferenças nas estruturas de acordo com o ramo. Indústria, prestação de serviços, áreas de varejo e distribuição apresentam estruturas diferentes, que precisam ser pensadas para reduzir os custos logísticos, sejam eles internos ou externos. É arriscado demais fazer e colocar em prática um organograma sem conhecimento teórico mínimo e alguma vivência prática. É essencial a colaboração de consultores ou profissionais, evitando assim o risco de construir o que apelidamos de "pescoço de girafa", aquele organograma que nos remete a *Sacred Emily*, famoso poema da americana Gertrude Stein, só que, em vez de "uma rosa é uma rosa é uma rosa" o que vemos é "o chefe do chefe do chefe do chefe...", numa repetição que relembra a inspiração de modernismo da poeta, mas que nos remete a modelos hierárquicos dos mais ultrapassados.

Para continuar falando de Gertrude, lembramos uma famosa frase sua sobre gênios: "Ser gênio exige um tempo medonho indo de um lugar a outro sem nada para fazer". Isso nos lembra o "personograma", o organograma feito para se resolver a situação de uma pessoa, para encaixar um gênio, e não para atender à estratégia da empresa. Há um risco de a parte "genial" do organograma não ter resultados práticos, como veremos mais à frente.

Por fim, a estrutura precisa considerar o impacto nas instalações físicas em que será implantada. Logística, processo de produção, se a empresa é uma montadora, uma indústria completa, uma empresa de serviços, e assim por diante. O pulo do gato é entender que os processos integram o mesmo pilar de sustentação. Eles são tão importantes que são hoje tratados como responsáveis por diferenciais competitivos em muitas empresas de excelência. Sim: a "forma de fazer", dentro da estrutura organizacional e da instalação física, agora faz toda a diferença. E essa "forma de fazer" vem calcada em uma relação de causalidade: as empresas que cuidam de seus processos se destacam, as que não cuidam tendem à mediocridade ou ao fracasso. Processos precisam ser desenhados de forma simples para se tornarem verdadeiros atalhos para os bons resultados, agindo simultaneamente como poderosas ferramentas de redução de custos e facilitadores dos trabalhos das equipes e dos colaboradores de qualquer negócio.

Seja na gestão privada ou pública, percebemos a quantidade de processos que se tornaram maiores do que as empresas e, consequentemente, maiores do que a necessidade do negócio. Eles se transformaram em verdadeiras armadilhas de desperdício de horas em diversos empreendimentos que acompanhamos. Nunes sempre reflete, por exemplo, sobre os horários de expediente e a produção dos funcionários. No batalhão, há uma obrigatória "ordem unida" pela manhã, logo às 8 horas, o que significa que o trabalho começa efetivamente às 8h30min. Há uma parada para um café por volta das 10h30min e a retomada do trabalho até as 11h45min, pois é necessário ir para a fila do almoço, cujo retorno ocorre por volta das 13 horas. O ritmo só é recuperado às 13h30min. Há outra parada às 15 horas para outro café, e o trabalho segue efetivamente até as 16h30min, quando todos começam a se arrumar para irem embora. Entre intervalos, cerimônias e ritos, a jornada é de seis horas e meia. Às vezes, apenas seis horas.

Qual foi a proposta pensada por Nunes? Chegue às 7 horas e trabalhe sem parar até as 13 horas. A motivação: ter a tarde inteira livre. Mas esse é só um exemplo de como se pode pensar fora da caixa e adaptar os processos aos objetivos – mais à frente, retornaremos ao Bope.

É preciso, todavia, ter muito cuidado com a arquitetura e o design dos processos. Existe uma tendência enorme de o indivíduo criar ou alterar processos em função das suas necessidades e limitações, e não das do negócio. É uma questão das mais complexas e com enorme impacto nos resultados. O caminho é claro: depois de escolhidas as premissas certas, com uma boa estratégia, indicadas as equipes e os líderes, definida a alocação de recursos financeiros, pesquisado e entendido o mercado, é hora de transformar tudo isso em resultado. Esse, claro, depende muito de uma estrutura adequada e de processos que integrem todos os pontos de forma eficiente e eficaz. Fazer dos processos um diferencial competitivo do negócio é talvez o aspecto de maior impacto. É preciso entender a forma com que o *workflow*, ou o fluxo de trabalho, se dá nas instalações.

Toda empresa devidamente estabelecida precisa diagnosticar seus processos constantemente, mapeando e formalizando todos, eliminando os informais que não sejam necessariamente saudáveis para o negócio, a fim de ajustá-los para que proporcionem o melhor desempenho possível. Importante: a estrutura ou os processos jamais estarão definitivamente "prontos". São células vivas se multiplicando e se reorganizando para manterem aquele organismo vivo e com o melhor resultado. Você desenha um organograma e o melhor processo hoje, pode ser que amanhã já tenha de rever tudo.

Estruturas e processos organizacionais são "vivos" e, podemos dizer, "sobreviventes". São eles que adaptam a empresa ao ambiente externo. Não se deve esquecer da famosa frase de Charles Darwin: "Não são os mais fortes que sobrevivem, e sim aqueles que melhor se adaptam". São as células responsáveis pela adaptação à realidade do negócio em função do cenário ao qual a empresa está submetida. A esta altura, o leitor deve ter percebido a provocação que fizemos ao apresentarmos estrutura e processos organizacionais no mesmo capítulo, matéria de graduação e pós, além do tema certificações. A ideia é tornar atual a discussão. O mercado, há alguns anos, impôs aos negócios uma formalização por meio da "acreditação".

As "acreditações" internacionais de qualidade, ambientais, segurança, responsabilidade social etc., consolidadas nas normas ISO, antes extremamente burocráticas, hoje são passíveis de aplicação mesmo em pequenas empresas, dando-lhes acesso a diferentes mercados, com níveis de exigência variáveis. Todas elas são concedidas com base em estrutura e processo, daí a importância da análise conjunta.

Trazemos agora o caso de uma empresa familiar do setor de óleo e gás para a qual Gurgel prestou consultoria. Na ocasião, ele classificava a trajetória da empresa como surpreendente, mas ainda assim recebeu um convite para avaliar os problemas estruturais. A reunião de contratação se deu em uma churrascaria e, entre pedaços de picanha despejados em seu prato, ele perguntou ao presidente da empresa se estava disposto a cortar em sua própria carne. A pergunta, curta e direta, foi feita depois de algum tempo de almoço, precisamente depois de entender a empresa, ver o tamanho de seu negócio, a receita, o número de funcionários, o posicionamento de mercado, o plano de negócios e, finalmente, a premissa da estratégia.

Ainda na churrascaria, Gurgel se espantou com a quantidade de diretores, gerentes-gerais, gerentes-operacionais, supervisores e coordenadores. Quando o presidente informou o total de funcionários, Gurgel sorriu e perguntou se havia sobrado espaço para quem realmente respondesse pela execução. Examinando mais de perto ainda, verificou que havia dois diretores específicos sem equipe. Um era a esposa e o outro era o filho mais velho do presidente. Daí a pergunta inevitável sobre cortar na própria carne. E era importante saber antes, porque senão seria difícil atingir o objetivo, ou seja, implantar estrutura e processos organizacionais mais leves, certificados e em sintonia com o negócio.

Aconteceu então a segunda reunião para apresentação da proposta. Dessa vez, nada de churrascaria, o local era a sala de reuniões do presidente, com direito a almoço. Não um brunch simples e rápido, como Gurgel chegou a pensar, mas um belo almoço com todas as suas etapas. A surpresa: ao lado do presidente, um sino para chamar os garçons. E a constatação de que havia quatro pessoas trabalhando exclusivamente para aquele almoço – por sinal, muito bom. Gurgel, porém, não perdeu o foco e perguntou se aquele aparato todo era prática habitual. Nem começara a procurar problemas e logo se defrontara com o paradigma. Tratava-se de uma empresa com muito potencial para identificar oportunidades e implementar melhorias em estrutura e processos em todas as dimensões da gestão, presidida por uma pessoa inteligente, dedicada, mas com visão e alguns comportamentos distorcidos, pouco afeita aos modelos mais modernos. A sorte dele era ter uma personalidade extraordinária, humildade o suficiente para procurar ajuda e ouvir consultores. Citando Jim Collins, aquela até poderia ser uma empresa "feita para durar", no entanto seria necessário torná-la uma empresa "feita para vencer". Perene e bem-sucedida.

O trabalho começou pelo organograma. De cara verificou-se que, em decorrência de seu ramo de atuação, a empresa criou um departamento só para cuidar de certificações sem as quais ela não poderia operar, desde a qualidade até as questões de segurança, saúde e ambiente, o famoso SMSQ. Outros departamentos, por sua vez, tinham mais líderes do que funcionários, como Gurgel constatara ainda na churrascaria. Mais que isso: havia uma cadeia de chefia e comando, não de liderança. Essa contradição precisava ser resolvida imediatamente O organograma, todavia, era tão engessado que dentro daquela empresa pareciam existir várias outras.

A sensação era de que, quando determinado assunto saía de uma sala fechada e ia para outra sala fechada, o problema não era mais da sala anterior. "Eu fiz, agora não é mais problema meu" e "O meu departamento entregou, agora não é mais problema meu" eram expressões recorrentes. Esse tipo de comportamento era reforçado pelo organograma e pelas instalações físicas: quando um processo saía de uma sala fechada e ia para outra, a primeira sala se desligava de tudo. A sensação era de que o problema deixara de existir. As pessoas não viam as outras enfrentando problemas e buscando soluções para o que lhes chegara em mãos. Não é à toa que existe a velha máxima de que aquilo que os olhos não veem o coração não sente. Salas compartimentadas criam barreiras à integração de processos. Em layouts mais integrados e sem tantas barreiras, o simples olhar das pessoas enfrentando problemas significa, para profissionais sérios, uma necessidade que desperta a iniciativa de colaborar com a eventual solução.

As certificações existiam e estavam todas documentadas, arquivadas e na parede. Mas não faziam parte do entendimento e da cultura de nenhuma das pessoas envolvidas naquela estrutura organizacional. Pior ainda, pessoas que não tinham as certificações em sua cultura eram responsáveis pelos processos certificados.

Trabalhou-se profundamente nas questões organizacionais e processuais, bem como na aderência às certificações durante seis meses, mas, paralelamente, desenvolveu-se uma consultoria em comportamento organizacional para avaliar os possíveis impactos e acomodar as inquietações resultantes.

Depois desse período, um andar inteiro da empresa foi fechado. Passaram a trabalhar com dois andares, em vez de três, e, mais ainda, nenhum deles com divisórias. O posicionamento das pessoas em acordo com o processo foi completamente redesenhado. O espaço físico foi readequado, o organograma ajustado. Sim, houve desligamentos de pessoal, porém os impactos positivos em agilidade, redução de despesas, melhor aproveitamento da energia e nos mais diversos indicadores apontaram que o caminho trouxe os resultados esperados.

O presidente da empresa mostrou grandeza, mudando-se com seus familiares para o conselho de administração da empresa e deixando o comando para um CEO de mercado, que assumiu toda a operação. Ele agiu como um líder, demonstrando espírito de construção e pleno entendimento da necessidade de ajustes. O tal sininho de chamar gente foi desativado. Já as certificações, antes apenas decorativas, passaram a ser um componente daquela cultura organizacional.

Há como melhorar processos, tornando-os parte da estratégia de relacionamento e influenciando no produto final e nas pessoas, mudando suas visões. O caso trazido por Pimentel, ocorrido no banco multinacional em que trabalhou, é um ótimo exemplo.

Uma pesquisa de satisfação estabeleceu que, num ranking dos dez piores serviços apontados pelos clientes, de longe o de pior avaliação era, incrivelmente, a porta giratória. Não se reclamava tanto do bankline, dos caixas eletrônicos, da emissão de cheques. Os clientes reclamavam mesmo dos vigilantes, especificamente da grosseria de alguns, a ponto de advogados entrarem com ações solicitando indenizações por constrangimento ilegal. Havia até mesmo quem chamasse a polícia, outros estavam até armados, e sempre a velha história do "sabe com quem você está falando", que só acirrava os ânimos com os vigilantes. Surgiu a ideia de colocar mulheres nesse serviço, já que elas costumam ser mais cordiais na abordagem, no entanto não havia efetivo feminino para preencher todas as vagas. Eram muitas portas giratórias!

Pimentel então desenvolveu um curso a ser aplicado durante um sábado praticamente inteiro. Cada vigilante assimilaria um checklist do que poderia falar, e a missão principal, em vez de proteger o banco, que não seria abandonada, passaria a ser AJUDAR os clientes. O processo mudaria, portanto, seu escopo; sorrisos, educação, gentilezas entravam em cena. A semelhança do curso com a negociação de conflitos não era mera coincidência. Claro que, em situações limítrofes, ao lidar com alguém que faz reféns, por exemplo, é preciso tomar cuidado com as palavras. Evitar ironias, gracejos, ofensas.

O treinamento durou nove meses, atingindo todos os sete mil vigilantes. Todos recebiam horas extras e contavam com uma boa estrutura. O resultado? Duas semanas após todos concluírem o curso, as reclamações caíram a zero, e o processo mudou em definitivo.

Há um pensamento muito correto quando se estuda estrutura e processos organizacionais: não existe problema suficientemente complexo para não ser desmembrado, tratado e melhorado, e com solução encaminhada. Um gestor público como Nunes tende a aprender isso com a prática, apesar de ter cursado a disciplina correspondente em seu mestrado. Mesmo assim, ao longo dos anos, adquiriu um senso crítico em relação à estrutura em que trabalha, hierarquizada, copiada diretamente do modelo das Forças Armadas. Dividido em pessoal, planejamento, logística, operações e comunicação social, o Bope aos poucos fez mudanças para que sua gestão atendesse às demandas com aderência a uma estratégia voltada a seu tipo de atividade, ou seja, resgate de reféns, operações contra criminosos, incursões em áreas conflagradas.

No modelo que o Bope teve de seguir por força da lei, seus setores não têm flexibilidade e autoridade para se comunicarem diretamente e rapidamente com outro. Para a área de pessoal falar com a de planejamento, o chefe da primeira seção informa ao subcomandante e este reencaminha. Apesar de incorporar o endosso, esse sistema tende a diminuir muito a velocidade nas tomadas de decisões. Na era do conhecimento, a rigidez da estrutura faz a resposta ser mais lenta. E, como já dissemos, em muitos casos a estrutura e os processos criam diferenciais competitivos.

O diferencial competitivo do Bope é o tempo mínimo de resposta, a proatividade, a ação rápida. Por isso, criou-se um modelo que muitas vezes é erradamente confundido com quebra de hierarquia, mas que, na verdade, é uma flexibilização para atingir mais rápido o objetivo. Nos setores administrativos, o Bope mantém a estrutura convencional, pois precisa se comunicar com outras áreas da corporação na qual está inserido, a PM. Mesmo assim, o Bope criou estruturas que são pertinentes às operações sem qualquer similaridade com a estrutura da

PM. Uma delas é a de paramédicos de combate, incorporada ao Bope, porém inexistente na burocracia da corporação. O Bope precisa derrubar muros feitos por traficantes em favelas? Foi então criada a Unidade de Engenharia e Demolição Tática e Transportes, outra inexistente para a PM. A estrutura organizacional do Bope prevê essa área pela necessidade de desenvolver uma estrutura aderente à estratégia!

Agora, como fazer em operações nas quais as demandas maiores são agilidade, rapidez e tomadas imediatas de decisões? Dificuldades em casos extremos como o do ônibus 174 (junho de 2000) levaram o batalhão a implantar a Estrutura Temporária de Comando. Esse é outro caso claro de estrutura organizacional com foco na estratégia da empresa.

Como funciona? Sabemos que, em uma operação do Bope, há várias áreas envolvidas (operações, inteligência, logística, socorristas), e cada uma delas com um chefe. Quando em operação, todavia, é designado apenas um comandante para aquela estrutura temporária, e todos, não importa a patente militar, reportam-se a ele, a quem se concede total autonomia de decisão. O ambiente externo moldou a estrutura do Bope nessa direção. Autonomia e empoderamento são fatores que podem salvar vidas. E é o treinamento constante que os reforça em cada um dos combatentes. A confiança é estabelecida.

Um caso sempre citado por Nunes é o de quando uma equipe do Bope entrou no Complexo do Alemão, conjunto de favelas perigosas da Zona Norte do Rio de Janeiro. O grupo se protegia numa localidade perigosa conhecida como Largo do Coqueiro, onde anos depois seria instalada uma base da PM. Muitos tiros de fuzis de criminosos estouravam, e um dos soldados, dentre os que ficavam separados do grupo dando cobertura, comunicou por rádio que havia um bandido destacado, apontando um fuzil para os policiais. O comandante dele responde na hora: "Você está me perguntando se pode atirar? Vai esperar ele atirar? Você está dentro de um excludente de licitude, faça o que você aprendeu a fazer! Defenda a equipe e responda a injusta agressão!", ordenou. "Excludente de licitude" é referência a "auto de resistência", documento que os policiais assinam quando há vítimas fatais. Enquanto a(s) morte(s) é(são) investigada(s), o policial permanece livre, pressupondo-se legítima defesa e resistência do criminoso à prisão.

A decisão precisava ser tomada em fração de segundos, no entanto o soldado resolveu consultar superiores, com um criminoso armado e pronto para ferir outros policiais. Não é difícil entender por que o Bope investe tanto em treinamento e autonomia para decisões. Tal filosofia é um dos alicerces do gerenciamento de crises, quando a Estrutura Temporária de Comando é rígida para garantir agilidade. Outro aprendizado da tragédia do 174: não permitir qualquer gerência externa. A decisão dentro do cenário é do gerente da crise, que é do Bope. Comandantes superiores, governantes, secretários de estado, todos recebem apenas relatórios e, mesmo assim, de um policial que faz a assessoria de comunicação, e não do gerente da crise. E dá certo. Desde o episódio do 174, ou seja, desde 2000, o Bope não perde um refém.

Quanto mais etapas, mais complicado gerenciar. O processo precisa ser simples, objetivo. E rápido. Para o Bope, quanto mais tempo durar uma crise, mais difícil será o retorno à estabilidade. O batalhão viveu dias difíceis, primeiramente por causa da falta de investimentos dos governos e, em seguida, por dificuldades na aprovação de projetos. Na gestão do estado do Rio de Janeiro, é a Secretaria de Segurança (Seseg), e não o Bope, quem faz as grandes aquisições de veículos, armas e equipamentos. O pedido saía da Seção de projetos do Bope e ia para as mãos do subcomandante da unidade, que o repassava ao comandante. Este mandava para o comando das unidades especiais (Uope até 2011, COE desde então), e de lá o pedido ia para o Estado-Maior da PM, depois para o escritório de projetos da corporação, voltava para o Estado-Maior, seguindo para o gabinete do Comandante-Geral, que o despachava para o gabinete do secretário de Segurança, e dali, finalmente, para a subsecretaria de Gestão Estratégica, até desembarcar na seção de licitação. Ufa!... Um processo decisório lento, engessado e que não atende às necessidades do Bope.

Um projeto que passa por tantas equipes deveria ganhar em análise e inteligência. Tanta burocracia, contudo, só acumulava papel. Nunes tomou então uma atitude: começou a frequentar a Seseg para "tirar dúvidas" sobre os pleitos do Bope, até ganhar confiança e, com isso, acelerar processos. Tornou-se então o presidente da comissão de armamentos e equipamentos especiais da Seseg, despachando os processos de dentro da Secretaria. Tomou o cuidado de não ferir suscetibilidades, dando todos os feedbacks aos oficiais de todas as etapas concernentes aos projetos, o que podia ser feito em uma reunião. E também por e-mail, ganhando em velocidade.

Apesar de o e-mail gerar eficiência, há contextos em que o recurso digital não é bem-vindo. O advento do WhatsApp trouxe uma contradição: o comandado mais jovem do Bope passa a buscar o endosso do comandante para decisões simples. A facilidade de acesso, mesmo benigna em muitos casos, acaba diminuindo o potencial para evolução da competência de liderança. Pedir endosso o tempo todo cria um medo instintivo de errar e deixa o profissional em uma zona de conforto perigosa. Errar leva ao aprendizado, e evitar assumir responsabilidades leva à sensação de que só há acertos. E, quando há apenas acertos, é mais difícil identificar os eventuais erros, corrigi-los e aprender com eles.

Depois de tudo o que falamos, podemos afirmar sem temor que:
1 - Nenhum desenho organizacional pode ser feito sem o entendimento da estratégia do negócio, e tal desenho deve sempre maximizar resultados;
2 - Na arquitetura organizacional, devemos fugir da tentação de resolver "pessoas" em detrimento da "organização", evitar privilegiar indivíduos ao invés do coletivo e da organização;
3 - Quanto mais simples for um processo, melhor ele será. Mas fique tranquilo: nem sempre é possível fazê-lo tão simples quanto se gostaria;
4 - "*Caminante, no hay camino, se hace camino al andar*", dizia o espanhol Antonio Machado (1875-1939). É óbvio que em empresas isso não é uma verdade absoluta. Alguns caminhos precisam ser ajustados durante a caminhada. É importante, acima de tudo, saber para aonde se vai;
5 - É fundamental ajustar processos com visão holística, ampla, priorizando o negócio, e não apenas um departamento ou outro;
6 - As certificações podem ser tratadas como custo, como problema, todavia é muito melhor vê-las como valor agregado. Incorpore-as à cultura organizacional apesar de elas não constituírem diferencial competitivo, pois qualquer concorrente pode ou até deve tê-las. Fixá-las na parede não as transforma em parte do negócio. Vistas assim, representam apenas custos e problemas. Renová-las, então, vira um calvário, surgindo reclamações do tipo "ah, agora vou ter de parar tudo para ver isso". Quando, ao contrário, são incorporadas à cultura e aos processos, todos reconhecem a necessidade das certificações e sua aderência. Em uma empresa assim, ninguém jamais terá medo de uma eventual auditoria.

Essas afirmações não são meras reflexões, têm de estar plenamente organizadas em seu pensamento.

Sete

PRODUÇÃO E OPERAÇÕES: QUANDO MENOS É MUITO MAIS

Custos não existem para serem calculados.
Custos existem para serem reduzidos.
Taiichi Ohno, engenheiro

☠

Nada na estrutura de um livro é por acaso – assim como na estrutura de uma empresa. Com isso, é lícito que o leitor se pergunte por que escrevemos sobre produção e operações logo depois de um capítulo sobre estrutura, processos e certificações. E a frase desse conhecido engenheiro do setor automobilístico japonês explica de forma bem sucinta: do mesmo jeito que os itens do capítulo anterior, produção e operações devem ser moldados de acordo com os objetivos estratégicos da empresa. E, como o objetivo fundamental da empresa é gerar valor, a redução de custos é uma prática essencial a ser incentivada, e os resultados finais dependem da sinergia entre ambos.

O objetivo principal é garantir boa rentabilidade e melhorar o posicionamento de um produto ou serviço no mercado, e, é claro, sempre analisar a qualidade oferecida. O que se quer garantir na ponta da linha? Simples: clientes satisfeitos e fidelizados. O planejamento e o controle de produção (PCP), e a estratégia de operações: tudo deve ser feito para satisfazê-los.

Mas falar em produção e em operações equivale a chamar atenção para um ponto: fortalecer a relação com os fornecedores é tão primordial hoje em dia quanto a estratégia de relacionamento com os clientes. Definir como os fornecedores são selecionados, considerar não só o custo como as soluções a serem incorporadas para aperfeiçoar mesmo o que já é bem-feito. Essa forma de ver as operações está diretamente ligada à percepção do encadeamento das ações. E o "estado da arte", na nossa visão, ocorre na indústria automotiva. É óbvio que há outras indústrias que atuam com grande nível de excelência, com soluções incríveis, no entanto a automotiva é aquela em que isso é mais tangível.

O conceito de produção enxuta, surgido na empresa em que Taiichi Ohno se projetou, é um item incorporado à gestão moderna. Tudo que não traga valor ao produto final deve ser eliminado ou minimizado, incluindo as atividades. Há uma atenção total na busca por maior qualidade e menor custo, mas é incrível como que, com a produção enxuta, os dois atributos ficaram interligados. Máximo em produtividade e eficiência, com baixo custo de estoque. Também conhecida como *lean manufacturing*, a produção enxuta turbina um produto pela simplificação, velocidade, foco e otimização.

Apesar de essa tendência se disseminar no século XXI, lembremos que, em 1926, ao lançar o livro *Today and Tomorrow*, Henry Ford já antecipava o conceito do *just in time manufacturing* (JIT), ou produção no tempo certo. E pontuava: estoque é desperdício. Na aplicação do conceito, o processo de fabricação adiciona componentes que chegam à medida que são demandados. Em um exemplo prático, um fornecedor só entrega uma carroceria na hora em que a montadora for produzir o carro. O JIT surge para eliminar os custos de estoque!

Produção e operações devem, portanto:

1 - Reduzir os custos da organização;
2 - Buscar qualidade;
3 - Agregar valor (e eliminar tudo que não agrega);
4 - Estabelecer compromissos com os fornecedores;
5 - Satisfazer os clientes.

Há ferramentas costumeiramente usadas para atingir esses objetivos. O 5S, ou seja, *seiri* (senso de utilização), *seiton* (senso de arrumação), *seiso* (senso de limpeza), *shitsuke* (senso de disciplina) e *seiketsu* (senso de higiene). Devemos notar que neles elimina-se tudo que não agregue valor, ou seja, sem utilidade ou sujo. Os 6 Sigma, desenvolvido por um fabricante de telefones, com práticas desenvolvidas dentro da empresa para sistematizar a produção, aperfeiçoando-a com metodologias muito claras. Pelo 6 Sigma, são definidos objetivos, identificando-os e mensurando-os, direcionando processos, produtos e serviços para a satisfação dos clientes.

Ainda temos agregado a tudo isso o famoso *Enterprise Resources Planning* (ERP), o sistema integrado de gestão empresarial, cuja principal missão é integrar todas as áreas da empresa. Sua origem, todavia, está no *Manufacturing Resource Planning* (MRP), ou planejamento dos recursos de manufatura, ferramenta surgida nos anos 1970 especificamente para integrar todos os processos de produção e operações. Com o tempo e a necessidade óbvia de uma visão sistêmica, todos os setores da empresa com impacto nesses processos foram progressivamente incorporados, transformando o MRP em MRP II e, no final dos anos 1980, em ERP, que grande parte das empresas utiliza atualmente, pouco importando o porte ou setor. No ERP visualizamos as etapas de produção e seus desempenhos de modo estratégico. Em um capítulo mais à frente voltaremos a esse tema.

  Conhecer a fundo produção e operações é vital para inovar. Eliminar o que não agrega valor é uma diretriz. Em 2017, uma importante loja de móveis procurou eliminar, ou ao menos reduzir, as etapas de entrega e montagem. Os clientes já saíam das filiais com alguns móveis, como estantes, mesas laterais, racks e cadeiras. No andar superior da loja, o cliente pode escolher o móvel exposto em um ambiente simulado. Com o código anotado, ele desce ao térreo e, após o pagamento, retira o móvel desmontado. Há uma separação nítida entre móveis para pronta-entrega e aqueles para retirada no dia seguinte, devidamente sinalizados. Os móveis são de fácil montagem e vêm com instruções claras, mas a loja toma o cuidado de garantir que agentes credenciados e capacitados ofereçam o serviço de transporte e montagem, negociando diretamente com os clientes. Para conceber um sistema assim é fundamental ao gestor assimilar os conceitos deste capítulo para reduzir custos e aumentar a satisfação dos clientes.

  Em três empresas visitadas pelo tenente-coronel Nunes quando fazia um curso de administração na Darla Moore School of Business, na Carolina do Sul, Estados Unidos, produção e operações tinham como forte atributo o controle rigoroso das etapas. A BMW, primeira empresa visitada, destacava-se pela automação de praticamente todas as etapas, deixando em mãos humanas o primeiro test drive e a instalação do emblema da marca, um ato simbólico. A Amazon, maior loja do mundo, impressionou pela forma como a entrada de pedidos, monumental, era rapidamente resolvida com um gerenciamento interno sólido. O hardware altamente inovador resultava em redução de custos ao ponto de levar ao consumidor preços que simplesmente demoliam a competição. E como policial militar de operações especiais, Nunes visitou a fábrica de armamento Glock, que o impressionou pela tecnologia envolvida nos processos, pelo controle de qualidade e total assepsia, tanto que, ao analisar uma peça com formato mais peculiar, Nunes distraidamente a tocou e detonou um sistema de alarme. A peça foi retirada imediatamente da linha de produção e checada novamente antes de poder regressar.

Ao mencionarmos, porém, o estado da arte em produção e operações, pensamos em desempenho máximo, na ausência de imprevisibilidades – cenário com o qual o Bope jamais lida, evidentemente –, no máximo de eficácia e valor agregado. Gurgel trabalhou em várias empresas, prestou consultoria em situações nas quais foi exposto a diversos setores industriais. Por causa disso, pode apontar os dois casos em que vislumbrou a *expertise* e o estado da arte. Não há como comparar com a gestão das operações do Bope, por causa da volatilidade no cenário. Na indústria automotiva, não há instabilidades.

No primeiro caso, em uma indústria no estado do Rio de Janeiro especializada na montagem de caminhões, foi instalado um modelo de operação batizado como consórcio modular. Ali se apostou na integração entre fornecedores e indústria, ou seja, no espaço industrial se mantinham as células dos fornecedores, alçados à categoria de "parceiros estratégicos". A fábrica era responsável pela engenharia do produto final, pelo acompanhamento e controle da produção e pela qualidade e satisfação do cliente. Nesse modelo, todo o fornecimento ocorre dentro da fábrica! Os custos com transporte e estoque são minimizados, e a empresa, graças a isso, consegue se posicionar bem nos rankings de custos, qualidade, preço e satisfação dos clientes.

No segundo caso, que impressionou Gurgel mais ainda, uma famosa marca japonesa recebeu sua visita em uma das principais cidades do Japão. Ele esperava encontrar no local uma fábrica cheia, agitada, nos moldes do Brasil, com grande interação entre pessoas e equipes. Tal expectativa, contudo, foi quebrada logo no início da visita. Após assistir ao filme institucional da empresa e vestir os equipamentos de segurança, foi encaminhado para a sala de pedidos comerciais. Que surpresa! Naquela sala, presenciou a seguinte cena, muito admirado: uma nota fiscal surgindo em tela, procedente de uma cidade sob a abrangência daquela fábrica, contendo o modelo de carro e a cor solicitada pelo comprador final. Mal a nota é enviada para a produção, aonde robôs levam os componentes aos setores de montagem, surge outro pedido, e assim por diante. A produção é *on demand*, ou sob demanda, rigorosamente controlada e em sequência. Não é por modelo único. Cada cliente pede opcionais e cores diferentes. Todas as operações – comercial, faturamento, produção – encadeadas em um mesmo ritmo, com todas as tecnologias incorporadas ao produto. As certificações são altamente respeitadas em uma fábrica com poucas pessoas.

A visita se encerrava em uma pista de testes especial para visitantes. Gurgel foi convidado a testar um dos primeiros veículos elétricos híbridos do mundo.

Ele se sentou ao volante, ainda impressionado com o funcionamento da fábrica, e ligou o veículo. Segundos depois, ele não conseguia perceber se o motor estava ligado ou desligado. O carro não fazia absolutamente nenhum barulho até que um dos engenheiros japoneses, percebendo a dificuldade, fez uma intervenção simples, em inglês, que pareceu um símbolo daquela visita:
– *It's working! Go ahead!* (Está funcionando! Vá em frente!)

A similaridade entre as modernas gestões de produção e operações e o *deploy* de militares, ou a inserção destes em posições estratégicas no campo de batalha, só não é total porque aqui a imprevisibilidade de cenário é bem maior, mas a logística é imensa. No livro *Na companhia de soldados*, o jornalista americano Rick Atkinson, vencedor do prêmio Pulitzer, descreve com precisão toda a capacidade de gestão do general David H. Petraeus, comandante da 101ª Divisão Aerotransportadora do Exército americano. O livro descreve o deslocamento total daquela unidade desde sua saída de Fort Campbell, no estado americano de Kentucky, até a chegada a Bagdá, no Iraque. Para quem quer fazer uma comparação entre a gestão industrial e empresarial e a de uma força militar em ação, o livro é perfeito. Atkinson acompanha toda a implantação da guerra, a logística e a manutenção de equipamentos. A capacidade de gerir o traslado de 500 helicópteros, cuidando de seu abastecimento, dos suprimentos para as equipes, tudo em plena movimentação de tropas. Não se pode negar que a logística militar está no embrião dos conhecimentos da área de gestão.

Em novembro de 2010, Nunes participou de um grande caso de operações: a participação do Bope na tomada do Complexo do Alemão, o maior conjunto de favelas da cidade, repleto de criminosos armados. A parafernália para fazer uma operação definitiva de retomada, como se pedia à época, era monumental, uma vez que havia o apoio dos fuzileiros navais e seus blindados, dos batalhões convencionais da PM e das polícias Civil e Federal. Para esse tipo de operação, quais as ferramentas que, de certa forma, equivalem ao 5S e ao 6 Sigma?

No planejamento, o Bope usa o MITEME (Missão, Inimigo, Terrenos e Meios), uma matriz para criar uma ordem lógica nas ações. De fato, quanto mais informações se obtém sobre os quatro pontos, mais se consegue reduzir riscos. Claro, diminuir ao máximo possível, porém nem sempre eliminar. Como dissemos, a imprevisibilidade de cenário dá o tom. Outra ferramenta muito comum é a evolução do PDCA (*Plan, Do, Check and Act*), o PDSA (do inglês *Plan, Do, Check, Study*; ou planeje, faça, analise e estude) e, se for necessário replanejar tudo, como em um caso que veremos adiante, a ação deve causar o mínimo impacto na seguinte, que é a de prosseguir. Afinal, é uma operação de guerra. Nela, tanto no Iraque do general Petraeus quanto no Complexo do Alemão do tenente-coronel Nunes, é obrigatório pensar em toda a cadeia de suprimentos. E se faltar munição ou veículo para prosseguir? Ou água e alimento para uma permanência mais longa do batalhão no local?

Uma vez em missão, o Bope utiliza outra nomenclatura, perfeitamente aplicável em operações empresariais: ESAON. A crise chegou? O imprevisto é mais forte do que seu plano de contingência? Eis a sigla: Estaciona, Senta, Alimenta, Orienta e Navega. Estacione, ou seja, pare o que estiver em andamento. Sente-se, pois é melhor para pensar, escrever e planejar. Aproveite o intervalo e se alimente, bem como ao restante do batalhão, seja com comida mesmo ou com conhecimento e informação. Oriente-se e aos demais, se necessário for, com o que conseguiu pensar. E navegue. Vá e vença!

Na semana em que o governo do Rio de Janeiro decidiu ocupar o Alemão, o Bope fora acionado para resgatar policiais do batalhão de Olaria, bairro da Zona Norte carioca. Eles estavam acuados por traficantes armados em um local próximo ao complexo, o Morro da Chatuba. O resgate aconteceu depois de um confronto de alta intensidade. Ao verem as imagens da TV Globo de dezenas de traficantes armados e, apesar de serem muitos, aparentemente vulneráveis, decidiram que era hora de entrar de vez nos morros que cercavam a Vila Cruzeiro – Chatuba, Fé e Sereno. Houve então uma reunião com o comandante-geral e o Estado-Maior da PM, no Quartel-General (QG), no centro da cidade. Uma tropa permaneceu na Chatuba, bem como um corpo de oficiais, enquanto o comandante do Bope ia à reunião. No QG, mencionou-se a necessidade do "aproveitamento do êxito", ou seja, já que se superara a parte pior da subida e o terreno à frente era menos íngreme, que se acelerasse a operação.

A tomada daquele complexo da Vila Cruzeiro, e ainda não nos referimos ao Complexo do Alemão, exigia uma logística superior e uma capacidade bélica que ainda não estava ao alcance. No QG, decidiu-se avançar. Houve telefonemas que chegaram até a Presidência da República, que acionou o comandante da Marinha. Este mobilizou os blindados para ajudar na operação. No dia seguinte, uma comitiva do Bope chegou ao quartel dos fuzileiros navais em Caxias, a fim de obter instruções de uso dos blindados, apenas o necessário para operar naquelas condições. O comandante dos fuzileiros, muito solícito, perguntou aos homens do Bope:

– É para quando essa instrução?

A resposta de um dos oficiais foi: "Para hoje. Para agora. É treinar aqui e embarcar em seguida!"

Enquanto isso, todo o efetivo do Bope estava pronto. Alguns policiais que estavam de férias voltaram, outros de licença médica também. Quando a comitiva de blindados começou a atravessar a Avenida Brasil rumo ao local, a cidade parou. Nas ruas, as pessoas aplaudiam a passagem deles. A televisão começou a mostrar o deslocamento de uma força de combate altamente qualificada e, acima de tudo, com aura invencível.

O foco era na abertura de "janelas de oportunidades". Da mesma forma que na fábrica japonesa o carro amarelo era pedido e, em seguida, solicitava-se um azul, as janelas apareciam conforme os degraus eram superados. Se, ao tomar o Morro da Chatuba, o Bope visualizou a chance de se ocupar o entorno, quando entrou na Vila Cruzeiro seus oficiais perceberam que havia algo ainda maior, exigindo capacidade de adaptação: o Complexo do Alemão, para onde fugiram centenas de traficantes, filmados ao vivo pela TV Globo.

Em meio a todo o entusiasmo e engajamento, foi necessário organizar cada grupo com seus blindados, dando ao menos um veículo para cada setor que atuaria nas próximas operações. A cúpula se reuniu para refazer o planejamento e criar uma nova estratégia de cerco. Parte dela foi a ordem aos criminosos de saírem até o pôr do sol para serem presos, propagada pelo comandante-geral da PM. No dia seguinte, graças ao planejamento extremo, ao cuidado em cada etapa, ao controle minucioso da logística e dos itens necessários, e à eliminação de tudo que era desnecessário para evitar "carregar peso inútil", as forças de Segurança ocuparam o Complexo do Alemão. Um parente de Nunes ainda brincou com ele ao telefone que, desde os tempos da Fórmula 1 com brasileiros vencendo – Fittipaldi, Senna, Piquet –, não se via o Brasil tão unido numa manhã de domingo.

E o que fazer quando o Bope é ferido? E quando o planejamento sofre contingências? Pimentel lembra o caso de uma operação longa no mesmíssimo Complexo do Alemão, ocorrida nos anos 1990, que contou em uma palestra para uma das maiores fabricantes de tintas do Brasil. Contou de improviso, pois lembrara das palavras do coronel Pinheiro Neto, citado na introdução do livro, depois de perder um de seus soldados na batalha. "O que fazer com o luto? Outra operação. Prosseguir".

O discurso foi proferido para uma tropa de policiais tristes com a perda, no entanto todos entenderam que a morte deveria ser recordada numa nova operação. Em nome do colega morto, trabalhar mais. Trazer o novo. Pensar que o remédio para o fracasso é voltar ao trabalho até ele desvanecer com o tempo. Voltar e agir, essa é a melhor forma de superar o luto.

Para os vendedores de tintas que viam sempre o concorrente em primeiro lugar, o luto é voltar ao ponto de venda. Repensar a abordagem. Refazer os passos do processo. Verificar se a operação é passível de melhorias para beneficiar o cliente. E oferecê-la novamente.

A palestra teve resposta positiva, pois, pela primeira vez em anos, eles superaram o concorrente alguns meses depois. Foi dito o óbvio? Sim, mas o óbvio tem de ser dito centenas de vezes.

Os casos apresentados nos conduzem a algumas reflexões:

1 - Em qualquer ambiente operacional, tudo que não será utilizado não interessa. Livre-se de tudo que não usa. Tudo que não se usa é custo!
2 - Crie laços fortes com os seus fornecedores, mantenha-os como parceiros estratégicos em busca de soluções;
3 - Persiga permanentemente a satisfação do cliente. Toda operação precisa ter esse foco. No caso do Bope, a satisfação do cliente é a tranquilidade almejada por toda a sociedade;
4 - Produção enxuta e todos os outros conceitos disponíveis precisam estar na cultura da empresa. Se ela inexiste, ninguém procurará aperfeiçoar os processos.

Reduzir custos, criar parcerias, aumentar desempenho, melhorar a performance e satisfazer os clientes. Estão aí expressões que devem se tornar mantras na hora de estruturar produção e operações.

💀 💀 💀

Oito

PROJETO: UNIR, COMUNICAR, FAZER

De todas as coisas que fiz, a mais vital foi coordenar os talentos daqueles que trabalham para nós e alinhá-los em direção a uma meta.
Walt Disney

☠

Abrimos este capítulo com essa frase definitiva de Walt Disney por uma série de razões, que o leitor certamente identificará ao longo do texto. O lema diário do extraordinário criador, diretor, escritor, roteirista, produtor e gestor norte-americano era simples: "*Keep moving, forward*", ou "Mantenha-se em movimento, sempre em frente". Parece simples demais o lema de um homem que criou praticamente um universo e deixou como legado a maior empresa de entretenimento do mundo. É inegável que ele e seu império seguiram à risca essa fórmula. Projetos são efetivamente assim: movem-se sempre em frente. Têm começo, meio e fim. Unem conhecimentos, desenvolvem-se com sinergia e, basicamente, comunicação.

Projetos estão o tempo todo em nossa vida. Uma viagem, uma festa de casamento, ter um filho, adquirir imóveis, concluir um curso são projetos da vida pessoal com prazos e recursos disponíveis bem definidos. Quando se prepara uma festa de casamento, a data já foi marcada, certo? As famílias dos noivos analisam qual será o *budget*, ou o orçamento, e decidem quanto vão gastar. E, se tudo correu bem na festa, celebra-se o sucesso.

Voltamos a Walt Disney porque é possível perceber claramente que a coordenação é fundamental. No exemplo anterior, e se as famílias começarem a gastar por conta própria, comprando o que bem entendem e em momentos diferentes, como fazer? O mesmo ocorre nos projetos profissionais. O simples começo de um negócio exige alinhamento. Depois que o projeto "início" for concluído, vários outros serão necessários. O resultado desse conjunto de projetos? Maior ou menor sucesso. E, em alguns casos, o fracasso do empreendimento.

Há vários livros importantes sobre gestão de projetos que ensinam o "caminho das pedras", defendendo tendências e modos de gestão diferentes. Mais uma vez, não entraremos em maiores detalhes, pois esta obra não tem caráter científico, e sim provocativo. O objetivo é despertar os gestores, sejam eles empreendedores, executivos ou funcionários públicos, para as reflexões essenciais para a busca da excelência em tudo o que se faz.

Antes de mais nada, um gestor precisa saber que alguma metodologia sempre será necessária. Há ferramentas de gestão de projetos que mencionaremos, uma vez que estamos falando de atividades que exigem um cronograma com começo, meio e fim. Projetos devem terminar, principalmente cumprindo o prazo e com o orçamento previsto devidamente respeitado. Subentende-se que projetos nascem totalmente aderentes à estratégia do negócio, inclusive, e principalmente, quando tratam de inovações, um dos temas do nosso próximo capítulo. Nesse caso, suas premissas são estabelecidas desde os primeiros passos de pesquisa e desenvolvimento (P&D). Nenhum projeto de inovação começa depois de P&D, esta marca o seu início e é decisiva para que seja bem-sucedido.

Quando Walt Disney, naquela frase de abertura, falava em alinhar os "talentos que trabalham para nós", note uma mensagem um pouco disfarçada na palavra "talentos". Ele se referia ao perfil de profissional que desejava. Isso nos faz entender que tão importante quanto a forma de gerenciar o projeto é a escolha dos profissionais responsáveis por ele, bem como a definição e a formação das equipes. Há erros que os mais gabaritados gestores cometem não por falta de experiência, e sim por um raciocínio baseado no velho princípio do "em time que está ganhando não se mexe". Melhor deixar o futebol para os gramados... Um gestor com histórico de sucesso não possui selo de garantia contra o fracasso. Deve-se sempre avaliar a necessidade de substituição de perfil para gestor e equipes. Estas poderão ser mais ou menos multidisciplinares, porém o perfil correto pode não ser o mesmo para dois projetos, ainda que semelhantes.

Há duas demandas cruciais hoje em dia. A primeira é certificar os profissionais de gestão, garantir que apresentem todas as certificações e resolver antecipadamente um gargalo. O conhecimento é imprescindível em cada área de projeto, uma vez que, além do domínio da missão, a interação com plena troca de experiências e o alinhamento são decisivos. A outra demanda é definir o que esses profissionais usarão e o tipo de gestão de projetos. Os modelos podem variar desde os mais tradicionais esquemas de elaboração de cronogramas, de árvores, de fluxo de tarefas, com ou sem precedência, passando por ferramentas estratégicas de entendimento mais básico até as mais sofisticadas, como as existentes na área de tecnologia, na qual o Scrum, que simplifica enormemente o processo, dividindo os projetos em ciclos (os sprints) é um bom exemplo.

Em todos, o alinhamento de informações e a comunicação, interna e externa, são atributos indispensáveis. Essa dinâmica vale tanto para o setor privado quanto público, no qual a necessidade de comunicação é ainda maior. Lida-se com inúmeros interesses, especialmente o de uma população inteira. No caso de Nunes, o esforço gigantesco em melhorar os equipamentos do Bope o levou a fazer um MBA em gestão de projetos pela Fundação Getulio Vargas. Ao sair com o certificado de conclusão nas mãos, sentiu que haveria fortes barreiras a superar para adaptar os conceitos aprendidos no curso à realidade da gestão pública. Foi difícil "achar a mão". E por quê?

Na gestão pública é pouco comum cumprir prazos, há sérias restrições de recursos e há uma "esclerose" crônica. Afinal, a permanência das pessoas não é garantida, muda-se muito por questões político-administrativas, e assim se perde memória e conhecimento. Tomando o Bope por uma unidade de corporação maior, a PM do Rio de Janeiro, e esta como parte de uma secretaria (Segurança), que por sua vez é um ramo do guarda-chuva chamado Governo do Estado do Rio de Janeiro, não é difícil perceber a dificuldade de integração.

Na coisa pública, deve-se seguir o princípio da oportunidade, e ter o projeto pronto para apresentá-lo rapidamente é ponto decisivo. As questões administrativas e políticas dificultam também a escolha do perfil adequado de profissional por razões diversas. Como dissemos anteriormente, essa escolha é parte decisiva da gestão de projetos, junto com a capacidade de comunicação. Assim sendo, sempre que Nunes gerenciava um projeto de equipar o Bope para operações mais complexas, deparava-se com problemas diversos. Pedia óculos especiais para visão noturna e recebia um equipamento protetor, porém sem a capacidade exigida. Pedia ao comprador um tipo de bota, e recebia outro. Havia dificuldade de entendimento, de comunicação ágil e devidamente detalhada, típico da gestão pública, com recursos extremamente escassos e prazos demasiadamente elásticos para obtenção da verba.

No capítulo mais adiante sobre tecnologia e inovação, falaremos sobre a compra do atual veículo blindado do Bope, conhecido como *Caveirão*. Antes, todavia, é necessário um maior entendimento sobre os problemas para consolidar um projeto de aquisição pública. Houve necessidade de fazer pesquisa e desenvolvimento de produto. Em cerca de quatro anos de projeto, com inúmeras visitas técnicas e protocolos de testes, o Bope desenvolveu o que queria de um blindado. As especificações, como parte do projeto, precisavam ser aderentes à finalidade do Bope.

Houve um trabalho conjunto com a Polícia Civil, que também receberia um blindado para sua equipe de operações especiais. Ao longo do projeto, o status era permanentemente atualizado, com controle total dos prazos e recursos. As reuniões ocorriam na sede do Palácio Guanabara, reforçando assim a comunicação interna e os endossos – um *gap*, ou uma lacuna da gestão pública, como já dissemos. Nunes, contudo, conseguiu fazer todas as comissões se reunirem na mesma mesa, na mesma sala, em um gabinete do governo (a Casa Civil). Tudo se resolvia rapidamente!

Ao final, o projeto, cujo orçamento inicial era de R$ 21 milhões, graças à fluidez da comunicação e à ampla negociação com as empresas, consumiu apenas R$ 6 milhões. Poucos dias antes de começar a Copa do Mundo no Brasil, o Bope receberia seu novo veículo blindado, com vantagens que veremos no próximo capítulo e, que se deixe claro, com total aderência à estratégia do Bope.

Pimentel, um dos roteiristas dos filmes *Tropa de elite 1* e *2*, participou da gestão dessas produções. Em todos os detalhes do filme, percebe-se que havia vários projetos simultâneos, todos se reportando à mesma liderança, o diretor José Padilha. Na produção, os executivos eram os diretores de imagens, fotografia, figurino, cenários e de elenco, mas prevalecia sempre a importância da aderência à estratégia, ou seja, ao módulo total do filme. Um episódio que mostra a necessidade antes mencionada de comunicação interna minuciosa e profissionais totalmente engajados em prazos e metas é o da produção do figurino de um dos principais personagens do filme, um deputado corrupto e ligado às milícias (as quadrilhas paramilitares que ocupam favelas no Rio). No projeto, estabeleceu-se que o vestuário desse deputado seria baseado no luxo e na ostentação.

Em todo projeto, todavia, os recursos são finitos, escassos e constantemente monitorados. E os técnicos responsáveis pelo figurino vestiram o ator com um terno bonito, que, no entanto, não ostentava uma marca normalmente associada a muito dinheiro. Era um terno, digamos, "popular". Padilha, no entanto, precisava ajustar o figurino ao objetivo final. E insistiu que, com o terno barato, não fariam a cena, sob risco de se perder a essência. Mesmo com o curto tempo disponível para filmagens, os responsáveis efetuaram a troca rapidamente e obtiveram um resultado muito melhor, numa demonstração de que o monitoramento constante evita desperdícios. Se detectasse o problema a tempo, Padilha teria de escolher entre perder um dia de filmagens ou filmar com uma roupa não-condizente com o objetivo traçado. Monitorar o andamento de todas as partes, ajustando-as, cobrando dos líderes e colaboradores a plena aderência à estratégia é, portanto, obrigatório para o gestor de projetos.

Casos de projetos na gestão pública são excelentes para demonstrar a necessidade de uma comunicação ágil e eficaz. Na esfera privada, Gurgel se envolveu, desde o início de seus mais de trinta anos de carreira, na gestão de projetos em que a complexidade exigia outros atributos. Nos primeiros anos, participou, ainda com o olhar administrativo e de suporte, do projeto de uma grande construção no setor petroquímico. Existia a necessidade de transportar uma esfera gigantesca de armazenamento de gás em um percurso de 180 quilômetros. A grande tarefa: indicar os fatores críticos. A lista começava com uma carreta especial, própria para aguentar toneladas de metal. Ao longo do percurso, é preciso que a logística preveja o desmonte de postes, o alargamento de linhas de transmissão (ou até de corte temporário), os horários de maior fluxo nas rodovias, os viadutos e suas capacidades de suportar peso, os "tetos" baixos pelos quais o veículo não conseguiria passar... E isso é só uma fração de tudo que deve ser previsto. A maioria das pessoas não tem ideia do impacto que um transporte como esse traz aos orçamentos e projetos. Foram mais de duzentos dias rodando os 180 quilômetros, à base de 1,5 quilômetro por dia. Na ocasião, a tensão nas duas pontas do transporte deixava clara a preocupação de todos os envolvidos com a complexidade do processo.

Como gestor, Gurgel também participou da construção de um módulo para uma plataforma da Petrobras. Na ocasião, os cascos eram produzidos em Singapura, e um consórcio de empresas respondia pela montagem. Um dos componentes, no entanto, era feito no Rio de Janeiro. O encaixe precisava vir de Singapura com precisão milimétrica. Detalhe: a peça construída no Rio e levada para Singapura deveria encaixar com perfeição em outras partes produzidas em diversos países do mundo. Uma vez tudo encaixado, a plataforma ficaria pronta e seria "comissionada". Comissionamento é a validação da integração de todos os sistemas, nas diversas disciplinas – elétrica, instrumentação, tubulação, mecânica, telecomunicações, segurança. No projeto, destacavam-se diversas complexidades:

1 - Respeitar revisões de projeto executivo de engenharia;
2 - Alinhar todos os fornecedores;
3 - Garantir que a parte estaria pronta e embarcada em um navio especial;

4 - Uma vez em Singapura, "falar" um idioma único com todas as outras peças.

Para superar os problemas de comunicação, foi importante as lideranças e as equipes estarem engajadas na missão, que era terminar o projeto e entregá-lo com prazo, orçamento e qualidade desejados. Uma vez concluído o projeto, seu sucesso não se mediu apenas ao avaliar o produto finalizado. Considerou-se também o quanto ele agregou em valor ao negócio principal, que, no caso, era a produção de petróleo e gás.

A importância do alinhamento de informações e do monitoramento se fez presente em outro projeto de que Gurgel participou: a construção do maior gasoduto das Américas, saindo da Bolívia, entrando no Brasil pelo Amazonas e desembocando em cidades do Sul. A empresa precisava integrar dados de monitoramento de diversos *city gates*, ou estruturas industriais para distribuição e controle do fluxo de gás, usados para tarifação dos clientes. Isso requeria viagens a locais inóspitos, de difícil acesso, desbravando novas estradas e acessos no País. Foi necessário criar diversos consórcios e projetos dentro desse.

É importante falar dos projetos de engenharia para fazermos o contraponto. Encontramos frequentemente grandes dificuldades em projetos bem menores e sem tal complexidade. No próximo capítulo, sobre tecnologia e inovação, veremos que há, sim, minúcias que demandam recursos e tempo, dois alicerces de qualquer projeto. A simples migração de um ERP para outro dentro de uma empresa, ou mesmo a implantação de um sistema numa empresa média, podem criar dificuldades extremas se os princípios da gestão de projetos não forem respeitados.

Assim sendo, não faz diferença se o seu projeto é do setor privado ou público. As reflexões propostas são:

1 - Atenção com o alinhamento das informações. Estabeleça mecanismos eficazes de comunicação entre a alta gestão, as lideranças de projeto e os colaboradores e as equipes executoras, bem como entre a coordenação do projeto e os *stakeholders*;
2 - É preciso entender que nem todos os projetos podem ser direcionados ao mesmo líder, pois cada projeto exige um determinado perfil. Em termos práticos, um ótimo líder de engenharia não vai necessariamente ser bom em inovação. Não é impossível que seja, apenas não há garantia;
3 - É essencial que líderes de projeto e equipes sejam pessoas capazes de negociar;
4 - Além disso, as pessoas precisam ser capazes de suportar a pressão. Projeto = pressão

+ desafio. Prazo, recursos limitados, contratos de fornecimento nem sempre cumpridos, cláusulas de multa do contratante... A gestão de projeto é um mix de pequenos e grandes fatores de estresse. Não os deixe escapulir.

Tomando esses cuidados, você será capaz de assumir as rédeas da situação e se proteger contra as armadilhas da zona de conforto.

💀 💀 💀

Nove

TECNOLOGIA E INOVAÇÃO: A SAÚDE DA SUA EMPRESA É AGORA

A inovação diferencia o líder do seguidor.
Steve Jobs, cofundador da Apple

☠

A frase do famoso cofundador da Apple – uma referência em inovação e tecnologia – é o ponto inicial de uma navegação com duas âncoras: a primeira é a tecnologia e toda a motivação existente para aplicação aos negócios. A segunda é a inovação, e repare que, ao falarmos em inovação, nos referimos a algo que acontece num ritmo incessante desde a primeira Revolução Industrial. Ou seja, inovações são lançadas muito antes de Jobs mostrar o primeiro iPhone ou de Bill Gates tocar "Start Me Up", dos Rolling Stones, no lançamento de um dos sistemas Windows. É claro que hoje não se pode pensar em operar em qualquer nível de negócio sem aporte tecnológico. Engana-se, no entanto, quem pensa que inovação é dependente disso. Essa é uma impressão comum, razoável até, pois tomando a criação da internet como marco nos anos 1960, nos Estados Unidos, originalmente para fins de segurança, que uma mudança gradual foi se estabelecendo em velocidade crescente. Quando o termo "internet" surgiu como abreviatura de internetworking, ou rede interativa de trabalho, em 1974, era impossível projetar o cenário décadas depois, especialmente a partir do seu lançamento comercial, em 1985. Praticamente todos os negócios que são digitalmente ancorados preveem plataformas ou aplicativos tecnológicos. Nem os governos foram poupados, sendo obrigados a se remodelarem. Basta ver que todo o controle fiscal está atualmente integrado a sistemas fiscais e tributários. A tecnologia hoje está disponível para todos os tamanhos de empresa, um ERP é passível de instalação em microempresas, e há soluções de todos os tipos disponíveis.

Há, claro, uma grande quantidade de autores que já conceituaram a implantação de sistemas ou aplicativos na empresa, seja qual for o porte. Com nosso conhecimento e nossa experiência, e com todo respeito aos grandes fabricantes, frisamos que o foco deve ser no negócio. A análise correta é a partir dele, e não o contrário. Quando o gestor define a aquisição de soluções, deve desenhar os *workflows*, ou fluxos de trabalho da empresa, com equipes que efetivamente operem neles. Ninguém melhor do que o futuro usuário da ferramenta para perceber os principais gargalos e apresentar sugestões criativas e inovadoras dentro desses processos para a aquisição e a implantação de uma plataforma. Graves erros são cometidos quando quem decide a compra não entende as reais necessidades da empresa e não consegue traduzi-las para os fornecedores.

Mencionamos no capítulo anterior o caso do veículo blindado usado pelo Bope para incursões em terrenos com conflitos, principalmente as comunidades do Rio de Janeiro, alvos de ações de traficantes. É um caso clássico de tecnologia e inovação que começou da forma errada e, depois, sob a gestão de Nunes, foi devidamente ajustado. Os primeiros blindados que receberam o apelido de "Caveirão" eram derivados de carros-fortes, normalmente utilizados para transporte de valores. Ali pensou-se em somente um atributo: a proteção. Não houve consulta àqueles que efetivamente usariam o blindado, ou sugestões criativas, ou mesmo a preocupação de especificar detalhadamente as características mais adequadas para o fabricante dos veículos. Dessa forma, o Bope passou cerca de catorze anos utilizando um veículo com os seguintes problemas:

1 - Visibilidade ruim, a mesma de um carro-forte.
2 - Péssima posição para tiro. Afinal, um carro-forte é desenhado para transporte em segurança, e não para confrontos de alta intensidade.
3 - Calor extremo. Um carro-forte prioriza o transporte de cargas, e não de pessoas!
4 - Tração traseira, limitando sua capacidade de transposição de obstáculos. Um carro-forte não é projetado para trafegar em terrenos repletos de barreiras colocadas por bandidos.

Nunes então criou a Seção de Projetos e Tecnologia dentro do Bope, a fim de que as inovações ocorressem com o objetivo de mudar a qualidade do trabalho da tropa. A ideia era trazer equipamentos de suporte para todas as atividades.

Para tanto, Nunes fez diversos cursos para entender a fundo todos os processos inerentes às mais diversas atividades dos integrantes do batalhão. Fez até mesmo o curso de *sniper*, ou atirador de elite, nos Estados Unidos. Como entender o equipamento que um *sniper* precisa sem conhecer sua atividade, seus *gaps* e preocupações?

Todos os itens desejados por Nunes e pelos demais integrantes do Bope estavam disponíveis, porém não em um único produto. Foram diversas viagens a vários países ao longo de anos. E, ao final, eles acompanharam o processo de produção do blindado que queriam. Estabeleceram as necessidades:

1 - Mais visibilidade para quem dirige e para quem é conduzido.
2 - Sistema que permita mobilidade dos atiradores e das armas.
3 - Ar-condicionado eficaz. Na verdade, o blindado ganhou um motor exclusivo para o ar-condicionado e demais equipamentos periféricos.
4 - Tração 4 x 4: ninguém detém o "Caveirão"!

E mais: Nunes pediu câmbio automático, algo impensável em um veículo de 15 toneladas, todavia era importante ser fácil de dirigir em qualquer situação. O blindado ainda ganharia computador de bordo, com um checklist típico de aeronave. Para ligar, bastava apertar um botão!

Outra das inovações, baseada nas necessidades do Bope, foi a criação do paramédico de combate, uma prova viva de que nem sempre se depende de tecnologia para inovar. Um estudo mostrava que a intervenção médica nos primeiros cinco minutos após um ferimento por projétil de arma de fogo pode evitar quase 100% das mortes, sequelas e lesões, o que motivou a decisão. Esses médicos seriam treinados para autodefesa em casos extremos e passariam a acompanhar todas as incursões. Quem assistiu ao filme *Até o último homem*, de Mel Gibson, percebeu a importância de um paramédico em um confronto de alta intensidade. Tal inovação faz a diferença entre a vida e a morte hoje no Bope, tendo tanta aderência à estratégia do batalhão que seus homens começaram a aprender a tratar sozinhos alguns tipos de ferimento.

Os casos do Bope nos mostram o quanto é importante a área de decisão de compras incorporar grupos de trabalho que ajudem no desenho das soluções. Deve-se também evitar atender a solicitações pontuais de departamentos. Elas dificultam as integrações. Afinal de contas, os dados das empresas estão espalhados de diversas formas, em planilhas, arquivos de diferentes formatos (texto, documentos em Word, planilhas Excel, PDF etc.) e, quanto mais atendemos a tais solicitações, mais controles paralelos são criados em múltiplos formato e de forma dispersa. O mais indicado é incorporar os dados em sistemas para organização do fluxo de trabalho, integrando-os às plataformas. É assim que se atinge o nível de *Business Intelligence* (BI), ou inteligência de negócios, no qual os dados coletados são transformados em informações que sustentam as decisões estratégicas, permitindo à empresa responder às demandas do mercado e às mudanças de cenário mais rapidamente.

A partir do BI foi possível criar e incorporar cada vez mais ferramentas e metodologias de análise que levaram ao passo seguinte, o Big Data, ou grandes conjuntos de dados complexos e multidimensionais, que passaram a ser tratados para fornecerem informações cada vez mais sofisticadas e precisas sobre os mercados, transformando-as em novos produtos, serviços ou aperfeiçoamento dos já existentes. O volume de dados cresceu tanto que mantê-los em servidores próprios tornou-se inviável, o que levou ao surgimento dos datacenters, ou centros de armazenamento de dados, e à opção de guardar as informações "na nuvem". Nela também são hoje encontrados processamentos, experiências, registros eventualmente úteis aos departamentos da empresa, inclusive para processos e projetos industriais. Por isso, admitimos que não dá mais para pensar o negócio descolado de um forte direcionamento para a tecnologia. Os arquivos deste livro, aliás, foram inteiramente produzidos de forma colaborativa e integrada, com uso de ferramentas e armazenagem inteiramente na nuvem.

A tecnologia permite a inovação, mas esta jamais será dependente única e exclusivamente daquela. É o processo criativo vindo de um indivíduo ou do trabalho em equipe que a gera, e não necessariamente uma tela de computador. Pode começar com uma caminhada na beira da praia, em uma roda de amigos ou em uma noite de insônia.

A inovação pode acontecer também em um evento que reúna gestores, criadores e aqueles que a buscam – incessantemente. Foi o caso do evento do qual participou o jovem Tales Gomes, criador da Plataforma Saúde. Ele e outros jovens perceberam um *gap* do qual sofriam os moradores da comunidade da Providência, no centro do Rio de Janeiro. A maioria deles tinha problemas de saúde porque não sabia o que ocorria com seus próprios corpos. Havia dificuldade em descobrir se possuíam doenças crônicas intransmissíveis, como diabetes, hipertensão e colesterol alto. A falta de acesso a bons equipamentos de saúde por causa do custo elevado e a demora na entrega de resultados comprometiam o processo decisório dos pacientes. A inovação foi então apenas conectar serviços já existentes em um processo, agilizando a entrega de resultados.

O empreendedor enxerga oportunidade onde há problema. Essa é praticamente uma regra da inovação. É um pensamento do próprio Tales, e não há como discordar. Após passar por várias empresas (Telecom, Tim, GE Energia) como consultor, Tales questionava o propósito de sua contribuição intelectual e procurou estudar mais sobre o empreendedorismo social. A ideia era implantar uma visão de negócios em um ambiente social. Como usar tecnologia para criar um negócio que resolvesse um problema cotidiano das pessoas? No Startup Weekend Favela, realizado no Morro da Providência, em 2014, ele chegou à resposta. Ao lado de dois sócios, desceu o morro e planejou imediatamente as ações: contratariam alguns profissionais de saúde, comprariam ou alugariam equipamentos portáteis para exames móveis de sangue, colesterol, diabetes e elaborariam um grande questionário médico. O usuário receberia em minutos uma análise de sua condição de saúde e as providências a tomar. A conta a ser paga variava entre R$ 15 e R$ 40, dependendo da quantidade de exames. Claro que depois Tales buscou patrocinadores e parcerias público-privadas, no entanto ele diz que a população de baixa renda não hesitava em pagar. Havia muito interesse, só não havia até então a oferta de um bom serviço, que a Plataforma Saúde transformou em realidade.

Tales se dedicou a criar modelos inteligentes, nos quais o usuário final não precisasse pagar. Surgiram, é claro, questões de viabilidade financeira, um risco de qualquer inovação. Uma das ações foi manter o foco nas quatro principais fontes de problemas:

1 - Álcool;
2 - Tabaco;
3 - Atividade física (falta de);
4 - Alimentação saudável (falta de).

Com esses pilares, Tales procurou parceiros. O universo de oportunidades não é pequeno. Se um usuário está obeso, a Plataforma Saúde pode apontar uma academia ou oferecer um desconto.

Ele precisou lidar com o formato de sua inovação e como ela seria vista pelos usuários finais. Escolher o nome deu trabalho. Nas pesquisas, percebeu-se que as palavras "check-up" e "preventivo" não serviriam para compor o nome. "Check-up" era percebido como algo acessível somente aos mais ricos. E "preventivo" era percebido como exame para mulheres, afastando assim os potenciais usuários masculinos.

    O sistema de avisos foi também criado com as informações que chegavam dos usuários: vermelho para alertas graves, amarelo para advertência e verde para o usuário em dia com a saúde. Quando, todavia, recebiam os resultados por e-mail, alguns clientes os imprimiam em preto e branco. Incluíram então uma "mãozinha" como recurso gráfico. O próprio Tales explica o que vem a ser a inovação:

    —Não é o equipamento. É o modelo. O equipamento de exame você encontra no mercado. A inovação é o software que reúne as informações. E a simplicidade também faz parte da inovação.

    Assim como o Uber não é uma empresa de transportes, a Plataforma Saúde não é uma empresa de saúde. Ambos são empresas de tecnologia, que proporcionam alinhamento de informações. No primeiro caso, une duas pessoas, uma que quer oferecer o serviço de transporte a outra que quer ir a algum lugar. No caso do Tales, faz a pessoa priorizar seu bem-estar, ajudando-a a melhorar sua qualidade de vida, viabilizando exames anteriormente inacessíveis e os transformando em informações sobre sua saúde. O ápice do projeto foi a assinatura de um memorando de entendimentos para participação acionária de Gurgel na startup, ou empresa iniciante, cuja fase mais estruturada de operação se iniciou em julho de 2017, cada vez mais sintonizada às demandas e expectativas de mercado.

    É essa possibilidade de inovação sem necessariamente desenvolver tecnologia que nos faz voltar à produção dos filmes *Tropa de elite* e *Tropa de elite 2*. Quando se encontraram para discutir um filme sobre o Bope e a violência no Rio de Janeiro, Rodrigo Pimentel e José Padilha estavam conscientes de que muito fora feito sobre o tema e que corriam um risco sério de serem "mais do mesmo". O filme *Cidade de Deus*, de 2002, dirigido por Fernando Meirelles, dominava o imaginário coletivo e era a grande referência. Meirelles inovou usando atores formados em coletivos atuantes nas comunidades, emprestando um realismo impressionante no gestual, linguajar e aspecto geral dos personagens. Eles precisavam ir mais adiante.

    Esse é um caso que Pimentel conta em palestras que realiza Brasil afora para empresas de todas as áreas. Dois dos atores que seriam fortes personagens nos filmes foram recrutados de forma inusitada: André Ramiro, que fazia o personagem André Mathias nos dois filmes, e Sandro Rocha, que no primeiro filme fez uma participação pequena, mas seria o grande vilão do segundo. Ramiro trabalhava como lanterninha em um cinema quando Pimentel e Padilha o encontraram e, imediatamente, o "reconheceram" como Mathias. Já Rocha era motorista de um grande banco e deu a Pimentel seu currículo, depois de ler em uma nota de coluna de jornal sobre a produção do filme. No currículo, apenas um trabalho como ator: intérprete do palhaço Ronald McDonald no McDonald's da cidade de São João de Meriti, na Baixada Fluminense, área carente do estado do Rio de Janeiro.

Todos foram submetidos à produtora de elenco Fátima Toledo e ao capitão reformado Paulo Storani, ambos com a missão de tirar os atores da zona de conforto, despertar suas emoções mais viscerais, cruas. Além da assessoria dos dois, Pimentel ainda levou os atores a uma imersão em locais como o campo de treinamento do Bope, no interior do estado, na própria sede do batalhão e em algumas comunidades.

Junte-se a essa turma um já consagrado Wagner Moura e mais atores então quase desconhecidos. A mistura de pessoas e a troca de conhecimentos e informações fez brotar uma "química de inovação". Não havia experiências anteriores como referências. Um dos "sacrifícios" da imersão foi o nariz quebrado do capitão Storani, que, para fazer Wagner Moura "explodir", o irritou a ponto de o ator lhe dar um soco. Nada pessoal, a amizade não sofreu abalos, e o filme foi um sucesso muito mais devastador que qualquer soco.

O conjunto de técnicas inovadoras usadas com os atores fez o filme atingir – e superar – as expectativas de mercado, sem que a tecnologia fosse seu diferencial, e uniu conhecimentos multidisciplinares para atingir o objetivo.

Os três casos de sucesso apresentados nos levam às reflexões finais sobre tecnologia e inovação:

1 - Parta sempre da compreensão dos processos e os desenhe de forma simples. Um diagrama de bloco é mágico!
2 - Escolha um time multidisciplinar com perfis diferentes. Desse modo, você pode explorar diversas visões das tarefas a automatizar.
3 - Acompanhe o prazo e o cumprimento do orçamento sem descanso!
4 - Inovação é algo que precisa estar na alma da empresa e no DNA dos colaboradores!

Inove sempre, de olho no valor da inovação, desenvolvendo as parcerias necessárias e priorizando os interesses estratégicos. Veja a tecnologia como um aliado fortíssimo. E voe alto!

Dez

ÉTICA, SUSTENTABILIDADE E RESPONSABILIDADE SOCIAL: O ESTADO DA ARTE EMPRESARIAL

O que me preocupa não é o grito dos corruptos, dos
violentos, dos desonestos, dos sem caráter, dos sem ética.
O que me preocupa é o silêncio dos bons.
Martin Luther King

O livro cuja leitura você está quase concluindo foi pensado sob medida para provocar reflexões e despertar atitudes em todos os gestores. Elegemos os dez pilares para atingirmos esse objetivo, esperando influenciar as ações de todos os que leem. Na elaboração do conteúdo, todavia, entendemos que ética, sustentabilidade e responsabilidade social deveriam fechar as reflexões. Vivemos dias difíceis, que nos põem diariamente à prova. Nunca foi tão dura a realidade enfrentada pelo profissional de gestão brasileiro, reconstruindo seu entendimento da nação e do conceito de cidadania depois de todas as rupturas institucionais dos últimos 25 anos, além da influência delas sobre a economia e os mercados. Como ousar falar de organizações, estratégia, valores, se tudo o que discutimos está em xeque? O Brasil enfrenta atualmente aquela que é sua maior crise política, com efeitos terríveis sobre a economia. Somos um povo que está se olhando no espelho e não gosta nada do que vê. Como está numa música da banda Legião Urbana, "nos deram espelhos e vimos um mundo doente...".

O Brasil distanciou-se dos valores éticos. Tal distanciamento trouxe duras consequências. Ética é, acima de tudo, um eixo filosófico. Houve grandes pensadores que a abordaram com muita profundidade, como Aristóteles, Kant, Max Weber e Jurgen Habermas. É um tema indissociável do comportamento humano. Por isso, afirmamos sem nenhum temor de errar que, ao nos distanciamos dos princípios éticos, vemos a sustentabilidade evaporar. Quem não preza valores como honestidade e transparência, primordiais para uma convivência pacífica e respeitosa com todos à volta, certamente não prioriza outros valores igualmente importantes. Quem não valoriza a boa convivência não tem apreço pela sustentabilidade, essencial para a geração de riqueza perene e para a preservação de recursos naturais como herança para as gerações futuras. Ser sustentável, portanto, é inerente a um comportamento ético, de respeito a quem está aqui, a quem está por vir, e com pleno entendimento da finitude desses recursos. Estar à frente de um negócio ético transmite ao público um valor superior em termos de reputação. Já não é de hoje que as pessoas estão atentas às empresas e aos negócios sustentáveis. Se a empresa se comporta eticamente e isso é percebido por todos os *stakeholders*, tanto internos (sócios/acionistas, conselho, diretoria, colaboradores) quanto externos (potenciais investidores, mídia, público em geral), candidata-se a ser sustentável e desenvolver atividades não agressivas ao meio ambiente. E é a partir de seus valores éticos e da noção de sustentabilidade que a empresa pode praticar a responsabilidade social, pensando no bem-estar de seus *stakeholders* internos e externos, bem como da sociedade como um todo. E assim se forma o tripé – ética, sustentabilidade e responsabilidade social. Os três valores se conectam, como perceberemos nos casos mais adiante.

    A bem da verdade, os dois primeiros conceitos implicam naturalmente uma atuação responsável socialmente. Se a empresa prioriza os princípios éticos e procura atuar da forma mais respeitosa possível ao meio ambiente, fica clara a intenção de buscar rentabilidade, sem dúvida, porém promovendo e, se possível, incrementando o bem-estar da sociedade, e não há dúvida de seu compromisso com a responsabilidade social. Essa contribuição da empresa, portanto, não se limita à simples geração de riqueza e entrega de valor aos acionistas e clientes. Assim, é preciso identificar *gaps* sociais, nos quais a marca poderá contribuir para sua redução. Não importa em qual área, se na cultura, esporte, lazer, saúde, infraestrutura etc., há sempre uma via para se demonstrar responsável socialmente. Não faz diferença se a empresa cuida da construção de um shopping, das instalações de uma refinaria ou é apenas uma pequena prestadora de serviços. Se ela se mostrar ética, sustentável e socialmente responsável, atinge o "estado da arte empresarial".

    A história do couro do pirarucu, um peixe típico da bacia amazônica, é um exemplo incrível de como os conceitos podem ser aplicados gradativamente até transformar a dinâmica de um negócio. Gurgel estava a trabalho em uma cidade do Texas, Estados Unidos, quando, de repente, encontrou botas de um couro diferente numa loja e ficou intrigado. Ao perguntar que couro era aquele, veio a surpresa: tratava-se do couro do pirarucu, extraído por comunidades ribeirinhas no Brasil. As principais empresas de vestuário e grifes importantes do mundo usavam o couro e cobravam preços altíssimos por produtos à base dele.

A origem dessa indústria está ligada a pesquisas feitas em 2005 pelo Instituto Nacional de Pesquisas da Amazônia (Inpa), órgão federal que estuda o ecossistema em torno do maior rio brasileiro, o Amazonas. A pesquisa estava justamente tentando encontrar destinação para o resíduo do pescado amazônico. Havia uma estimativa de que uma tonelada de pele de peixe era jogada nos rios a cada dia. Com a descoberta de que a pele do peixe poderia ser aproveitada, formou-se uma indústria, ainda muito artesanal, por volta de 2010.

A pesca ribeirinha é uma atividade cultural original muito enraizada, há um mercado fixo e estabelecido para o consumo dessa pesca, e os frigoríficos se movimentam em função dessa cadeia. Os ribeirinhos não tinham recursos para alterar muito a rotina em função dessa nova oportunidade. No início, existia deficiência na produção e nos mecanismos de controle da gestão. Alguns processos eram excessivamente artesanais, e o couro era produzido em curtumes ambientalmente questionáveis. A comunidade começara a perceber que gerava mais riqueza pescando mais porque a pele é mais cara que o peixe.

Surgia então a dúvida: quanto se deveria pescar se o consumo do couro crescesse? Começaram a criar fazendas para produção do peixe em cativeiro. Os órgãos ambientais implementaram controles. Com o acompanhamento mais próximo dos órgãos públicos, os ribeirinhos e os curtumes foram impactados. Em um projeto em fase inicial e sob aumento de supervisão em todos os níveis, é o momento certo de implantar o tripé, uma vez que é mais fácil de fazê-lo logo nesse estágio, antes da existência de uma cultura eventualmente resistente, e pelo fato de a própria extração, ao envolver a população ribeirinha, ser claramente uma ação de responsabilidade social. Os cativeiros foram construídos de forma sustentável, levando-se em consideração de que neles o peixe não alcança o tamanho e peso observados no rio – até três metros de comprimento e duzentos quilos. Com peles menores, os fabricantes tiveram de prever processos de costuras nas emendas.

Hoje, a produção tanto do pescado quanto do couro segue padrões internacionais responsáveis. A operação extrativista ocorre de forma ambientalmente consciente, em áreas de manejo com limitação. O Ibama autoriza anualmente a retirada da água de uma determinada quantidade de pirarucus, correspondente a cerca de 10% da população total estimada. Cada peixe retirado das águas recebe uma identificação e uma numeração, e somente a partir daí é comercializado.

Projetos assim hoje em dia não visam só ao extrativismo, como víamos até os anos 1990. Eles potencializam as perspectivas de melhoria de qualidade de vida. O Amazonas é um estado com áreas de difícil acesso e, com atividades como essa gerando mais riqueza, aumentou-se o intercâmbio entre as regiões anteriormente mais isoladas. A troca de conhecimentos e informação se acelerou. Conhecimentos que incrementaram a produtividade, a segurança e o respeito ao meio ambiente se espalharam. O maior peixe de água doce do mundo pode emancipar socialmente milhares de pessoas que antes não tinham acesso ao básico à educação, saúde e a populações e culturas diferentes. E há estudos em andamento para o aproveitamento da cartilagem em área medicinal, ou seja, do peixe tudo se aproveitará.

Percebe-se o tripé com nitidez. A ética para não corromper o modo de vida dos ribeirinhos, a preocupação com a sustentabilidade para evitar que os peixes se esgotem e o rio seja poluído, bem como a preocupação em melhorar o bem-estar. As três partes do tripé são irremovíveis. O que torna perene a venda do couro é o fato de que ele é produzido nesse estado da arte empresarial.

Com o filme *Tropa de elite*, houve um grande desafio para se manter o tripé. Como se sabe, em 2007, alguns meses antes do lançamento oficial do filme roteirizado por Rodrigo Pimentel, ocorreu um grande derrame de cópias piratas do filme em DVD. Elas eram vendidas por ambulantes no Rio de Janeiro e despertaram no público e na mídia uma curiosidade nunca registrada por um filme brasileiro. As frases de efeito dos personagens caíram no gosto do povo sem nem sequer marcarem a data de estreia do filme. Uma divulgação monumental que mil divulgadores não conseguiriam realizar, mas... Tratava-se de pirataria. A sustentabilidade de qualquer prêmio ou certificação que o filme viesse a receber mais à frente estava em jogo, pois o filme vendido nas ruas não era o definitivo. Como "aproveitar" uma divulgação oriunda de um ato criminoso?

Pimentel lembra que, no mesmo dia em que soube pela primeira vez que estavam vendendo cópias piratas do filme, procurou a Polícia Civil do Rio de Janeiro. Era fundamental que interrompessem aquela comercialização irregular. Por mais que fosse difícil travar essa batalha, era preciso demonstrar que fariam de tudo para tal. O ápice do compromisso e aplicação do tripé foi quando o diretor do filme José Padilha reuniu-se com o ministro da Cultura, na época o compositor Gilberto Gil, na casa dele, ao saber que ele exibiria para amigos uma cópia ilegal do filme. O fato é de conhecimento público. Gil compreendeu a situação e deu o

DVD pirata para Padilha, cancelando a exibição.

Esse é aquele momento de incerteza, no qual os responsáveis pelo projeto trocam a quase garantia de um sucesso estrondoso, com a divulgação espontânea e impressionante proporcionada pela pirataria, pela certeza da seriedade e integridade, pilares de sustentação de todas as empreitadas dali para a frente. Havia muita gente envolvida na produção e distribuição do filme, que perderiam seus empregos com a comercialização irregular. E aí veio a preferência por perder em fama e talvez em repercussão do que em reputação. É uma grande lição para as empresas: não vender a reputação. Existem cláusulas mais do que pétreas, são cláusulas petrificadas!

Para entender melhor a postura inegociável e implacável de Padilha e Pimentel em relação ao "sucesso" de pés de barro da pirataria, lançamos um olhar sobre o Bope de Nunes para entender sua mecânica e as motivações de sua tropa. Ele sempre deixa claro: a ética é o dogma principal. A moral é a prática. A sustentabilidade da gestão dessa que é uma das maiores tropas de combate urbano do mundo está toda em seus mandamentos, valores e preceitos. E fazer o certo é um princípio incessantemente disseminado. Tudo precisa estar alinhado: controle emocional, disciplina, iniciativa, honestidade. No Bope, frisa-se diariamente o ensinamento de Mario Sergio Cortella: faça o certo principalmente quando os outros não estão olhando.

Não foi uma, tampouco uma dezena, mas inúmeras as ocasiões em que o Bope interrompeu uma operação porque um cidadão reclamou com o comandante de algum objeto ou dinheiro sumido de sua casa. Por que interrompê-la? Porque o Bope, em busca de armas longas e de criminosos, muitas vezes precisa, com o devido mandado judicial, entrar na casa de um cidadão. Para romper o pacto de privacidade e inviolabilidade do lar, o Bope precisa ser 100% correto e não deixar dúvidas. Quando há algum dinheiro na casa, em cima de uma mesa, os policiais são orientados a pedirem educadamente que o cidadão o pegue e efetue a contagem diante de todos. E não há como ser diferente, o Bope está dentro do maior bem de uma pessoa, provavelmente o único, e frequentemente aquele di-nheiro é tudo o que ela tem.

Para firmar pactos sólidos com a população, em várias operações de maior vulto há a participação e o monitoramento de policiais da Corregedoria, que distribuem o número de telefone do setor responsável mediante garantia de anonimato para eventuais denúncias. Nota-se novamente a presença do tripé. O Bope deve, sim, satisfações à sociedade e não pode prescindir de seu endosso para sustentar suas ações. Quando o seu nome é a coisa à qual se dá mais valor, não há quantia que o pague. A marca do Bope se torna respeitável dessa forma, e a missão diária é preservá-la. Os gestores do Bope checam ininterruptamente os preceitos do batalhão para mantê-los disseminados. Dessa forma, explicam aos policiais do Bope o que se espera deles, o que nos lembra aquela frase do filme *Homem-Aranha*: "Com grandes poderes, vêm grandes responsabilidades".

Mantendo-se firmemente o pilar da ética, o batalhão pode avançar em outros temas, como os da sustentabilidade e da responsabilidade social. Com sua sede situada desde 2000 ao lado de uma comunidade carente do Rio de Janeiro (a favela Tavares Bastos, no bairro do Catete), o Bope tem avançando no projeto Carbono Zero com o intuito de compensar a emissão de dióxido de carbono pelas viaturas. O projeto de reflorestamento da Tavares Bastos é hoje uma realidade. Depois de se instalar no morro, o Bope ajudou a estabelecer os limites.

No dia a dia, o batalhão passou a ficar atento ao que chamam de "vestígio de tropa", ou seja, o que é deixado quando uma guarnição do Bope passa por um local, algo variável de acordo com o tempo de permanência. A razão não é só de ordem ambiental. Além de evitar o acúmulo de lixo deixado pelas favelas, é importante não permitir aos bandidos saberem da passagem da tropa. Nas operações em florestas, a presença de soldados treinados em curso de selva ajuda na preservação. Qualquer material de acampamento tirado da natureza é reposto ou replantado.

O tripé se completa com a responsabilidade social, uma diretriz clara do Bope atualmente. Os policiais hoje se dirigem às crianças, principalmente as mais pobres, para tentar tirá-las do caminho do crime. Em novembro de 2010, tornou-se famosa uma foto do veículo blindado tomado por crianças do Morro dos Macacos, brincando com a poderosa máquina de guerra. Crianças visitam o Bope semanalmente para participar de aulas de lutas. Há também balé para as meninas e festas infantis, principalmente no aniversário do batalhão, em 19 de janeiro. Além disso, sempre bem cedo são oferecidas atividades físicas para pessoas da menor idade, que passam a entender melhor o funcionamento e os objetivos do Bope, transformando-se em defensoras dos instrutores com unhas e dentes.

A grande ação do Bope com responsabilidade social aconteceu mesmo, tristemente, em 2011, quando mais de quinhentas pessoas morreram durante as chuvas na região serrana do estado do Rio de Janeiro, especialmente em Petrópolis, Teresópolis, Friburgo e Nova Friburgo. Cidades turísticas devastadas pela tempestade, e o Bope se prontificou a ajudar no resgate de vítimas. Quando o governador cogitou acioná-lo, o batalhão já estava a caminho. Como possuía experiência em resgate e diversos equipamentos de desobstrução, o Bope sabia que sua presença era urgente e absolutamente necessária. Criou-se um centro de comando e controle para recebimento e resposta de pedidos de socorro, possibilitando dezenas de resgates e a gestão das doações para os desabrigados.

Em uma ocasião, caminharam cerca de trinta quilômetros pela mata porque souberam de uma idosa completamente ilhada pelo desastre e que carecia de medicação. Localizaram a vítima, prestaram os primeiros socorros, abriram uma clareira para pouso de helicópteros e a levaram ao hospital. Ela sobreviveu.

Até os dias de hoje, a população de Nova Friburgo demonstra imensa afinidade e gratidão aos homens do Bope, que com ética, respeito ao meio ambiente e ao local e responsabilidade social salvaram vidas e construíram reputação. Os gestores do Bope sabem que missão dada é missão cumprida.

No ambiente empresarial é a mesma coisa. Cada missão é similar a uma operação especial, com suas características especiais e constantes intercorrências, e conta sempre com um executivo na liderança. Por isso, todo executivo lidera operações especiais!

💀 💀 💀

CONSIDERAÇÕES FINAIS

Quando nos encontramos para tratar da produção deste livro, nós, autores, tivemos uma preocupação maior: o que nós não queremos que o livro seja. Sim, no nosso entendimento, definir o que o livro não é tinha mais importância do que tentar encontrar o segmento adequado para ele. E rapidamente definimos: este não seria, como o leitor pôde perceber, um livro científico. Escolher este escopo significaria perder algumas oportunidades que tínhamos em mente. Qual seria então a grande entrega dos dez capítulos deste livro? O que queríamos transmitir aos leitores, o que desejávamos mudar na vida de cada um dos que se aventurassem por nossas páginas?

Se fôssemos obrigados a escrever apenas uma palavra para definir o que queríamos, essa palavra seria "reflexão". Com efeito, queríamos provocar uma profunda reflexão em cada indivíduo que, durante a leitura, estivesse exposto ao tema gestão – seja como gestor, seja como estudante, colaborador ou curioso. Queríamos, muito, que cada leitor se perguntasse se o que está aqui é o suficiente para provocar esta reflexão – e neste ponto precisamos dizer que as perguntas certas são mais importantes que respostas.

É claro que este não é um livro científico e muito menos um curso completo de gestão. O que colocamos foram provocações, alertas de atenção para as preocupações que um gestor precisa ter. Provavelmente o nosso livro precede a especialização, dado que é na verdade uma visão holística de toda a gestão, uma fotografia aérea com precisão de detalhes o suficiente para se fazer um mapa. Sem dizer onde está o tesouro.

Na verdade, o tesouro está olhando para o mapa. O tesouro que você vai descobrir é a sua vida. É a capacidade que você passa a ter de olhar globalmente, de pensar no sistema, na empresa e no indivíduo ao mesmo tempo. A hora de refletir sobre o seu legado, a sua reputação, e, lembrando Mario Sergio Cortella, sua obra. Sim, qual é a sua obra? Quem é você dentro da história? Temos um mundo que se movimenta como nunca antes, que muda como nunca antes, que evolui a cada segundo – gestores e empresas precisam ter a capacidade de pensar na adaptação, nas mudanças que também precisam fazer diante desses cenários voláteis. É o mundo do big data, dos dados que vão todos para a nuvem, dos processamentos que nem sequer estão dentro das empresas, dos hardwares cada vez mais simplificados. É um mundo em que pelo menos 60% das profissões que existirão em 2027 ainda não existem!

124 - CONSIDERAÇÕES FINAIS

O que queremos com este livro é lhe deixar alerta para este mundo volátil, mantendo o seu "tesouro": sua humanidade. É com ela que você vai procurar entender o homem moderno, seus desejos e necessidades, suas ansiedades, é com sua humanidade que você vai procurar entender pessoas dos mais diversos níveis sociais, e também entender o trabalho, essa forma de sobrevivência que cada vez mais se torna apenas vivência.

Queremos que você passeie pelos dez itens de gestão deste livro, mas depois disto o esqueça por algum tempo. Sim, vá ler um romance ou outra coisa que você goste. Vá ficar com quem você ama, seja sua família, amigos, cônjuge. Tenha mais horas de lazer, de viver. Assim, no trabalho, você estará mais confiante, terá uma visão total que o permita ser um gestor e jamais deixará de ser quem você realmente é.

Com este livro, queremos que você faça uma reflexão maior, entenda que a gestão é uma parte importante da sua vida – mas não é a mais urgente. Repetindo o clichê, que você passe a trabalhar para viver. Mas volte a considerar esse clichê a sério e com uma visão ainda mais ampla: olhar para o mundo que você quer construir.

Não perder de vista que ainda vivemos em um mundo repleto de injustiças, que ainda há pessoas humildes contraindo febre amarela, ainda há pessoas com fome, presídios lotados, dor. Ainda há gente que nem mesmo nasce. Há rios que morrem, oceanos na UTI, espécies de animais em vias de extinção. Um mundo sem um gestor, a entropia estabelecida, por mais paradoxal que seja a expressão.

E tem você, único, refletindo sobre o que está lendo agora e sobre o que leu antes. Se você, ao terminar de ler este livro, se sentir pronto para o desafio de ser um gestor grandioso em um mundo tão volátil, o desafio de empreender a própria vida, acredito que nossa missão terá sido cumprida. E assim nos sentiremos a cada vez que convencermos alguém de que buscar um mundo melhor e, sim, uma meta maior. O futuro é agora.

Contato com o autor:
agurgel@editoraevora.com.br

Este livro foi impresso pela gráfica BMF em papel *Pólen* 90g.

💀 💀 💀